Brasil dos humilhados

Jessé Souza

Brasil dos humilhados
Uma denúncia da ideologia elitista

7ª edição

CIVILIZAÇÃO BRASILEIRA

Rio de Janeiro
2025

Copyright © Jessé Souza, 2022

CIP-BRASIL. CATALOGAÇÃO NA PUBLICAÇÃO
SINDICATO NACIONAL DOS EDITORES DE LIVROS, RJ

S715b   Souza, Jessé
7. ed.   Brasil dos humilhados: uma denúncia da ideologia elitista / Jessé Souza. – 7. ed. – Rio de Janeiro : Civilização Brasileira, 2025.
      224 p.

      ISBN 978-65-5802-062-2

      1. Elites (Ciências sociais). I. Título.

22-76018   CDD: 305.52
                  CDU: 316.344.42

Gabriela Faray Ferreira Lopes – Bibliotecária – CRB-7/6643

Todos os direitos reservados. É proibido reproduzir, armazenar ou transmitir partes deste livro, através de quaisquer meios, sem prévia autorização por escrito.

Texto revisado segundo o novo Acordo Ortográfico da Língua Portuguesa.

Direitos desta edição adquiridos pela
EDITORA CIVILIZAÇÃO BRASILEIRA
Um selo da
EDITORA JOSÉ OLYMPIO LTDA.
Rua Argentina, 171 — Rio de Janeiro, RJ
20921-380 — Tel.: (21) 2585-2000.

Seja um leitor preferencial Record.
Cadastre-se no site www.record.com.br
e receba informações sobre nossos lançamentos e nossas promoções.

Atendimento e venda direta ao leitor:
sac@record.com.br

Impresso no Brasil
2025

Para Matias

Sumário

PREFÁCIO 9

INTRODUÇÃO 15
Gilberto Freyre, Getúlio Vargas e o sonho de um Brasil grande

PARTE I
O racismo científico que nos domina até hoje 47

1. Travestindo o racismo com o falso moralismo 49
   Sérgio Buarque: o filósofo do liberalismo racista e elitista brasileiro

2. Os falsos donos do poder 69
   Raymundo Faoro e a criminalização do Estado

3. O jeitinho brasileiro 91
   Roberto DaMatta e a modernização do culturalismo

PARTE II
A ciência e o racismo global: sociedades honestas *versus* sociedades corruptas 115

4. O racismo científico como justificação do imperialismo 117
   Talcott Parsons e a teoria da modernização

5. O racismo científico em ação: a honestidade dos países ricos e a corrupção dos pobres 129
   Niklas Luhmann e a corrupção do Sul global

PARTE III
Por uma teoria crítica da sociedade brasileira e do Sul global   141

6. A contribuição de Florestan Fernandes e a crítica de seus limites   143

7. Reconstruindo a teoria crítica da sociedade no Brasil e no Sul global   163

8. O reconhecimento social e a dimensão do aprendizado moral   181

9. A construção da "dignidade social" na história   187

10. A linha invisível da dignidade social   197

Prefácio

Este livro foi publicado em sua primeira versão, em 2015, com o título *A tolice da inteligência brasileira*. A segunda edição, aqui apresentada, representa uma mudança profunda na primeira. Todo o livro foi praticamente reescrito, o que motivou a sua mudança de título. Capítulos inteiros foram deixados de fora e outros capítulos novos foram acrescentados. Os capítulos que permaneceram foram todos revistos e ampliados. Esforcei-me para que este livro ficasse o mais compreensível, de leitura mais fluida e mais atualizado em todos os sentidos. Julgo que consegui meu objetivo. Cabe ao leitor e à leitora também julgar. Meu interesse foi produzir uma crítica das ideias científicas dominantes, tanto no Brasil quanto no mundo, mostrando, inclusive, a íntima conexão entre a produção doméstica e metropolitana. Essas ideias servem aos interesses da legitimação de uma dominação social, econômica e política espúria, no Brasil ou na dimensão global.

Engana-se profundamente quem pensa que a ciência se limita aos livros, às bibliotecas e às universidades. Toda a legitimação da sociedade como ela é, seja do saque econômico de uma pequena elite de proprietários, seja da dominação de alguns grupos sobre outros, tudo precisa ser, hoje em dia, legitimado "cientificamente". É a ciência que herda, da religião no passado, o prestígio de separar a verdade da mentira e, portanto, o justo do injusto. Seu prestígio contamina, portanto, não apenas todas as elites que se formam todos os anos nas universidades, mas também tudo que é discutido na imprensa, nas produções culturais em geral e até nos papos de boteco, nos finais de semana, de cada um de nós. A imprensa, o cinema e as pessoas comuns retiram, necessariamente, quer tenham consciência disso ou não, seu material de reflexão do estoque de ideias produzido pelos especialistas, ou seja, das ideias dos intelectuais treinados para tanto. Essas ideias dominam, literalmente, toda a sociedade e regem o comportamento prático de indivíduos e grupos sociais.

Daí sua crítica ser tão importante e decisiva. Sem a crítica das ideias dominantes, não temos mudança na sociedade nem comportamento verdadeiramente novo. Como os seres humanos, ao contrário dos outros animais, são seres que se "autointerpretam", seu comportamento prático é sempre produzido pelo efeito de ideias, sejam elas "conscientes" — refletidas enquanto tais — ou não. Quem imagina que o importante na vida é a ação concreta e o comportamento prático é ingênuo, e não percebe que a única forma de mudar o comportamento é criticar as ideias que levam a um dado comportamento específico.

É precisamente por conta de saberem da importância das ideias que todas as elites do mundo procuram justificar "cientificamente" sua ação concreta como desejável ou de interesse de todos. Do mesmo modo, os privilegiados de épocas passadas procuravam justificar religiosamente seu comportamento e seus privilégios. Dessa forma, se criou, inevitavelmente, uma tradição de ciência, afirmativa do mundo injusto como ele é, e uma tradição de ciência crítica, que procura desconstruir as mentiras que o mundo produz para se manter injusto fingindo que é justo ou como sendo o único possível. O problema é que precisamente estas ideias envenenadas tendem a ser as dominantes na sociedade. Afinal, são os ricos e privilegiados que possuem a imprensa na mão ou o dinheiro para influenciar as redes sociais, as produções culturais, as escolas e universidades, as editoras, as cadeias de livrarias, o que é dito nos tribunais ou nos jornais.

Por conta desse enorme poder é que a ciência elitista tende a ser tão dominante e convencer praticamente todos. Mais ainda, quando os intelectuais elitistas que defendem privilégios, de forma consciente ou inconsciente, são talentosos e inteligentes o bastante para travestir e mascarar essas ideias como se fossem críticas de interesse de todos, então o perigo é inescapável. Nesses casos, se cria uma espécie de "racismo científico", extremamente eficiente, onde os preconceitos contra os pobres, os negros, os humilhados e abandonados são produzidos como se fosse "ciência crítica". Os próprios partidos de esquerda populares, os movimentos sociais e até os intelectuais, que se imaginam críticos, passam a reproduzir o pensamento envenenado. Este é, precisamente, o caso brasileiro, como veremos em detalhe neste livro.

Durante quase cem anos, desde os anos 1930, o pensamento brasileiro foi dominado por um "racismo científico" que logrou criminalizar o Estado, a política, o voto e a participação popular como sendo produto da desonestidade e da corrupção. Desse modo, podia-se culpar o próprio povo pela sua pobreza. Importante perceber que a elite e a classe média branca, importada da Europa, se via como europeia de origem e, portanto, não partícipe da maldição cultural do povinho mestiço e negro, tido como supostamente corrupto e eleitor de corruptos. Desse modo, o racismo secular brasileiro podia, então, assumir a máscara dourada da suposta maior moralidade das classes altas como forma de justificar seus privilégios e o desprezo ao próprio povo. O enorme sucesso desta leitura contaminou a sociedade como um todo, quase todos os intelectuais e, inclusive, os partidos de esquerda e os movimentos populares. É este "racismo científico" — o que mascara o racismo de raça e de classe para exercê-lo sem culpa e convencer o oprimido de sua própria inferioridade — que é criticado neste livro.

O lento processo de construção dessa crítica, tanto teórica, nos seus argumentos internos, quanto empírica, estudando os efeitos dessa leitura de sociedade na vida das pessoas comuns, muito especialmente nos humilhados mais atingidos por ela, tomou praticamente todo meu tempo de vida adulta. Paulatinamente, fui compreendendo que a sociedade brasileira justificava e reproduzia toda sua humilhação e desigualdade perversa por meio dessas ideias envenenadas que tiravam onda, inclusive, de serem críticas e democráticas. Como o leitor e a leitora verão adiante, quase ninguém destoou dessa narrativa hegemônica, muito especialmente os que se imaginam de "esquerda". Isso continua até hoje e esclarece a fragilidade do pensamento e da ação dos governos que se pretendem populares. Inclusive ajuda a compreender a extrema facilidade dos golpes de Estado contra esses governos.

Quando *A tolice da inteligência brasileira* foi lançado, ainda na linguagem acadêmica e hermética que eu me esforçaria para abandonar logo depois, seu sucesso imediato não deixou de me surpreender. Como havia feito uma ligação óbvia entre o pensamento elitista brasileiro e o falso moralismo da Lava Jato que grassava no país, tornei-me, então, praticamente do dia para a noite, um "intelectual público". A nova interpretação do Brasil, à qual dediquei minha vida para construir, podia, agora, explicar o aparentemente inexplicável para um povo manipulado pelos seus próprios intelectuais, tidos como os mais brilhantes. Em 2015, afinal, a Lava Jato tinha muitos defensores, inclusive dentro do próprio governo, que estava sendo atacado, como pude comprovar cotidianamente, já que participava do governo Dilma como presidente do Ipea — Instituto de Pesquisa Econômica Aplicada. A maior parte dos críticos, na primeira hora, muito poucos, dentro e fora do governo, viam no máximo "exageros" ou "deslizes" eventuais da Lava Jato. Mas ninguém percebia a operação como a materialização da última máscara de uma dominação elitista centenária, baseada em um falso moralismo que culpava o próprio povo por sua humilhação e miséria. Tudo por culpa de uma suposta "maldição cultural" irreversível.

Uma narrativa que havia sido construída pelos nossos intelectuais mais brilhantes do último século e veiculada todos os dias pela imprensa desde então. Uma ideia envenenada, a qual havia se tornado uma espécie de segunda pele dos brasileiros, intelectuais ou não. Uma ideia que torna o povo brasileiro o "lixo da história". Se Nelson Rodrigues havia observado — topicamente, em um comentário ligeiro e irônico que ele próprio nunca aprofundou — o comportamento servil do brasileiro que se vê como um "vira-lata" em relação aos estrangeiros, eu procurei mostrar as razões profundas e culturais desse "vira-latismo", construído pela "tolice da inteligência brasileira", assim como seus efeitos na manutenção de um povo pobre, explorado e sem autoestima, que oferece de bom grado suas riquezas aos dominadores estrangeiros.

O fato de ter explicitado e denunciado, pela primeira vez, a construção histórica de longo prazo da ideologia elitista brasileira — que se utiliza do falso moralismo para seduzir e manipular a classe média branca como sua massa de manobra e produzir a "cultura de golpes de Estado", da qual a Lava Jato era apenas a última manifestação — fez minhas ideias ganharem o espaço público. Como a aceitação dessa ideologia era praticamente total, até então, inclusive na "esquerda", eu funcionei como uma espécie de defensor quase solitário do governo Dilma, atacado, na grande mídia e na esfera pública, durante seus últimos seis meses. A minha vantagem era que eu não defendia envergonhado, no terreno do falso moralismo já demarcado pelo inimigo, mas, ao contrário, atacava todo o esquema "lavajatista" como um todo, como uma grande farsa desde o começo.

É esta reconstrução das ideias dominantes que nos humilham e retiram nossa autoestima e confiança que apresento ao leitor e à leitora aqui neste livro. O objetivo continua igual ao da primeira edição, mas procurei, sempre que possível, tornar a linguagem compreensível a todos, inclusive, os não treinados em ciência social. Acrescentei a este segundo livro, completamente refeito, uma novidade: se o pensamento brasileiro dominante tem que ser criticado, então temos, também, que explicitar a forma como isso pode ser refeito e criado de modo efetivamente crítico, sem culpar o povo humilhado.

Assim, reconstruo agora, também, as ideias que utilizei para construir uma "nova interpretação do Brasil" como sociedade. Esta nova interpretação, creio eu, mais crítica e mais sofisticada do que as existentes até agora, como demonstro com argumentos e pesquisas empíricas neste *Brasil dos humilhados*, denuncia todo o esquema criado pela "tolice da inteligência brasileira" e permite a expressão da dor e do sofrimento silenciados, com meios supostamente científicos, da imensa maioria da população brasileira. Quando afirmo, com bons argumentos e dados de pesquisa, que minha interpretação do Brasil é a melhor e mais crítica realizada até agora, alguns críticos — que, hipocritamente, se acreditam tão "humildes" que fingem não ter a vaidade humana, demasiado humana, que todos nós possuímos — pretendem ver nessa reivindicação apenas a vaidade pessoal e se esquecem do principal. Na verdade, o decisivo aqui é chamar atenção ao fato de que a crítica das interpretações dominantes e a construção de uma nova interpretação mais crítica e verdadeira é um passo decisivo para a construção de uma nova sociedade. Uma reconstrução que permite ver o Brasil e suas relações sociais de modo completamente novo em todas as dimensões. É, antes de tudo, de uma nova ideia, ou seja, de uma nova forma de se compreender e de perceber seus conflitos e misérias, que a sociedade brasileira precisa para se reinventar verdadeiramente. Deixo aqui minha contribuição para este desiderato.

Introdução
Gilberto Freyre, Getúlio Vargas e o sonho de um Brasil grande

A realidade social não é visível a olho nu. Isso significa, ao contrário de nossas ilusões — julgamos que conhecemos como a sociedade funciona simplesmente porque participamos dela —, que o mundo social não se revela facilmente. Afinal, não são apenas os músculos dos olhos que nos permitem ver. Ao contrário, existem ideias dominantes, compartilhadas e repetidas por quase todos, que, na verdade, "selecionam" e "distorcem" o que os olhos veem e "escondem" o que não deve ser visto. O caro leitor e a cara leitora podem se perguntar: mas por que alguém faria isso? Por que existiria o interesse em esconder, distorcer ou, como dizemos na vida cotidiana, em "mentir" sobre como o mundo social realmente funciona? Ora, como diria o insuspeito Max Weber, os ricos e felizes, em todas as épocas e em todos os lugares, não querem apenas ser ricos e felizes. Eles querem saber que têm "Direito" à riqueza e à felicidade.

Por outro lado, como a violência física imediata é custosa e exigiria no limite um guarda armado para cada trabalhador explorado, não existe dominação social durável baseada apenas na violência material. Nesse sentido, desde que o mundo é mundo, faz-se necessário convencer de qualquer modo o oprimido de sua própria inferioridade. Sem o convencimento parcial ou total do próprio oprimido de que ele é inferior e deve, portanto, obedecer, não existe dominação social possível. Por exemplo, sem o prévio trabalho de convencimento da intelectualidade e da mídia elitista de que o brasileiro seria, por sua suposta menor inteligência ou tendência inata à corrupção, inferior aos americanos, tidos como mais bonitos, inteligentes e "honestos", não seria possível o saque de nossas riquezas e empresas mais importantes para as mãos dos americanos. É isso, em última instância, que torna o saque e o comando externo da economia brasileira possíveis sem que a imensa maioria ache o fato estranho. Os brasileiros, majoritariamente, imaginam que é assim que as coisas são e "devem" ser.

Isso significa que o privilégio — mesmo o flagrantemente injusto, como o que se transmite por herança — necessita ser "legitimado", ou seja, percebido como justo tanto pelos privilegiados quanto por aqueles que foram excluídos de todos os privilégios. Nas sociedades do passado, o privilégio era aberto e religiosamente motivado: alguns tinham "sangue azul" por decisão supostamente divina e isso legitimava o acesso ao mando e a todos os bens e recursos escassos. A sociedade moderna, no entanto, diz de si mesma que superou todos os privilégios injustos. Isso significa que os privilégios injustos de hoje não podem "aparecer" como privilégio, mas sim, por exemplo, como "mérito pessoal" de indivíduos mais capazes, sendo, portanto, supostamente justificável e merecido.

É isso que faz com que o mundo social seja sistematicamente distorcido e falseado. Todos os privilégios e interesses que estão ganhando dependem do sucesso da distorção e do falseamento do mundo social para continuar a se reproduzir indefinidamente. A reprodução de todos os privilégios injustos no tempo depende, portanto, antes de tudo, do "convencimento", e não da "violência". Melhor dizendo, essa reprodução depende de uma "violência simbólica",[1] perpetrada com

---

[1] Esta é uma noção do sociólogo francês Pierre Bourdieu para se diferenciar da noção de "ideologia" em Marx e enfatizar o trabalho da dominação social como tendo seu núcleo na tentativa de fazer o dominado aceitar por "convencimento" as razões de sua própria dominação.

INTRODUÇÃO

o consentimento mudo dos excluídos dos privilégios, e não apenas da "violência física". É por conta disso que os privilegiados são os donos dos jornais, das redes sociais, das editoras, da maioria das universidades, das TVs, do que se decide nos tribunais e nos partidos políticos. Apenas dominando todas essas estruturas se pode monopolizar os recursos naturais que deveriam ser de todos, e explorar o trabalho da imensa maioria de não privilegiados sob a forma do lucro, do juro, da renda da terra ou do aluguel.

A tese central deste livro é que tamanha "violência simbólica", no Brasil, só foi e é possível pelo sequestro da "inteligência brasileira" para o serviço não da imensa maioria da população, mas sim para o serviço de legitimar a dominação do 1% mais rico que monopoliza todos os bens e recursos escassos. O 1% cuja única função é "cobrar" um pedágio do saque do próprio povo realizado pelas elites mundiais comandadas pela elite americana. Como este processo se mantém? Para que compreendamos como este processo funciona hoje em dia é necessário recapitular seu nascimento histórico. Só podemos efetivamente compreender o sentido de uma realidade social quando reconstruímos sua história e sua gênese.

Embora não exista um marco zero nesta história, podemos escolher o descobrimento do Brasil, o ano de 1500, como um ponto de partida válido. Afinal, é nessa época que a Europa passa a se tornar consciente de seu poderio econômico e militar e de formular uma das primeiras justificações da dominação global. Grandes continentes, antes desconhecidos, são descobertos e passam a ser sistematicamente colonizados. Para que isso aconteça sem percalços é necessário "justificar" tal domínio.

É importante perceber, nesse contexto, que o mundo não começa em 1500. O Ocidente tem suas raízes mais importantes no judaísmo antigo e na Antiguidade grega. O cristianismo vai unir essas duas fontes formadoras na sua ideia de um "caminho da salvação" peculiar.[2] Salvo para todo o sempre será apenas aquele indivíduo que lograr dominar suas pulsões do corpo, como o sexo e a agressividade, em nome do "espírito" percebido como o caminho para Deus.

Depois, com o progresso da secularização, cria-se uma arquitetônica do espírito humano sem referência à sua base religiosa, como aquela que Kant, o grande filósofo alemão, construiu. Se antes seguir o espírito e controlar o corpo era o passaporte para a salvação eterna, no mundo secular pós-religioso o espírito significa inteligência, honestidade e correção moral, e capacidade de fruição e expressão estética. Ou seja, tudo que admiramos e reputamos como valioso. As formas de perceber a relação espírito/corpo muda, mas o lugar paradigmático do espírito, como representante do superior e nobre, e, por outro lado, do corpo como expressão do vulgar e inferior, permanece até hoje. Assim, se quisermos humilhar e oprimir alguém por qualquer motivo, temos que reduzi-lo a afeto e a corpo e convencê-lo de sua inferioridade. Sem isso não existe dominação social.

A primeira forma de legitimação do "racismo global" será religiosa. Por exemplo, no caso da escravidão de africanos para o Brasil, a justificativa é a de que a intenção última é salvar as almas do próprio africano pagão percebido, portanto, como sem alma ou espírito. O padre Vieira, por exemplo, interpreta o tráfico negreiro como um milagre de Nossa Senhora do Rosário, que caridosamente resgata os negros do paganismo africano para que possam ser salvos no Brasil cristão e católico.[3] Assim é a própria tarefa evangelizadora, ou seja, quase um dever moral de salvar almas, que passa a exigir e justificar o monopólio luso-brasílico do tráfico de africanos. Vemos aqui já uma primeira aproximação com a ideia — que depois seria adotada pela Europa como um todo e pelos

---

[2] Sobre isso, em detalhe, *ver* Jessé Souza, *Como o racismo criou o Brasil*, Rio de Janeiro, Estação Brasil, 2021.
[3] Luiz Felipe de Alencastro, *O trato dos viventes*, São Paulo, Companhia das Letras, 2000.

americanos, do peso moral — do dever de "civilizar" os povos primitivos da banda Sul do planeta, especialmente a África, mas também a América Latina e a Ásia.

A partir do século XVIII, quando o conceito de "civilização", no sentido elaborado por Norbert Elias,[4] passa a definir a autoconsciência europeia da própria superioridade, o dever moral de guiar povos percebidos como infantilizados e inferiores será pouco a pouco secularizado e passa a ser justificado em termos crescentemente profanos. Paulatinamente, a justificação do racismo contra a África e contra o Sul global vai abandonando a linguagem religiosa da oposição pagão/cristão e assumindo sua feição secular na oposição barbárie/civilização. No século XIX, o século da ciência, ou seja, o século no qual a ciência passa a dominar a linguagem da esfera pública no lugar da religião e fornecer o material de justificação das práticas sociais dominantes, este racismo "global" assume a forma crescentemente "científica". Temos, aqui, o nascimento do assim chamado "racismo científico".

Um desses teóricos do "racismo científico", o conde Arthur Gobineau, que morou alguns anos no Brasil e exerceu uma influência considerável sobre os intelectuais da época, inclusive sobre o próprio imperador D. Pedro II, formulou uma tese que teria enorme peso na vida brasileira. Gobineau via o povo brasileiro como uma espécie de "lata de lixo" da história. Isso se devia ao caráter "mestiço" da população. No contexto do darwinismo social em voga naquele tempo, a condenação peremptória do cruzamento entre raças se dava pela suposição de que os mestiços herdavam as características negativas das raças em contato. Para Gobineau, os brasileiros eram não apenas feios como os macacos, mas também "mestiços degenerados" condenados à extinção.[5]

---

[4] Norbert Elias, *Über den Prozeß der Zivilization*, vols. I e II, Berlim, Suhrkamp Verlag, 1991.
[5] Ricardo Alexandre Santos de Souza, "A extinção dos brasileiros segundo o conde Gobineau", *Revista Brasileira de História da Ciência*, 2013, p. 22.

No Brasil, a posição de Gobineau com respeito à sua avaliação acerca da mestiçagem era acolhida por praticamente todos os grandes intelectuais da época. Para Nina Rodrigues, importante figura, os negros e mestiços eram degenerados, com tendência natural ao crime, sendo sua presença marcante no Brasil a causa da inferioridade sociocultural brasileira. Sílvio Romero, um dos mais influentes intelectuais de sua época e cujo pensamento teve um profundo impacto na forma como a "questão racial" era percebida no Brasil, também participava do pessimismo de Gobineau.

No Brasil, a tese do conde francês acerca da inferioridade natural de mestiços e negros, aceita por todos, sem exceção, foi temperada, no entanto, com uma pitada de esperança. Em vez da condenação à extinção e à morte da "espécie brasileira", como assegurava Gobineau, desenvolveu-se o "branqueamento" como a lei social mais permanente do Brasil republicano. A ideia que animava todos os espíritos era a morte lenta do componente mestiço e negro pela extinção do tráfico negreiro, o desaparecimento progressivo dos índios e a imigração europeia. Romero será, inclusive, um dos mais ferrenhos defensores da imigração de europeus latinos como motor do processo de branqueamento.

Não havia intelectual brasileiro dessa época que não compartilhasse desses pressupostos. De resto, a política republicana de imigração passou a ser toda pautada na hipótese do branqueamento progressivo da população, daí a escolha dos povos europeus considerados mais propensos à mestiçagem com o elemento nativo. Este aspecto é o decisivo. A interpretação científica dominante, a qual sempre é, ao mesmo tempo, a opinião dos jornais e da nascente mídia, vai "racializar" a questão social no Brasil desde o fim da abolição, implantando um paradigma de explicação e legitimação da realidade social que culpa o povo, negro e mestiço — e não a elite que o explora —, pelo atraso e pela pobreza relativa do país. A tese deste livro é precisamente a de que, embora a forma da justificação da dominação social no Brasil mude, e assuma, crescentemente, uma feição "cultural" e não mais racial, o seu núcleo de culpar o próprio povo pela própria pobreza e atraso se mantém até hoje sob novos disfarces.

No último quarto do século XIX, paralelamente ao discurso racista pretensamente científico, desenvolve-se, principalmente na Alemanha, uma escola de pensamento que daria origem ao que chamamos hoje em dia de "culturalismo". Essa tradição de pensamento, em vez de enfatizar os estoques raciais e fenotípicos como base da explicação do comportamento humano e social diferencial, localizará na tradição cultural, ou seja, na herança comum de costumes, tradições, língua e crenças, a verdadeira motivação para o fato de distintos povos, nações e sociedades concretas terem comportamentos diferentes.

Criticando Voltaire e sua ideia de uma razão universal; que seria a base de um desenvolvimento civilizacional uniforme, J.G. Herder defende que cada povo (*Volk*) desenvolve um espírito (*Geist*) próprio, o qual se manifesta em um todo orgânico formado por seus valores, crenças, tradições e, muito especialmente, sua língua específica. Para que se possa conhecer o "espírito de um povo" (*Volksgeist*), é necessário compreendê-lo, portanto, a partir de dentro, assumindo a perspectiva de um membro dessa comunidade. Em W. Humboldt, essa tradição adquire uma virada linguística. O conjunto de características de um povo que Humboldt define como seu "caráter nacional" (*Nationalcharakter*) reflete seu patamar de desenvolvimento relativo e sua contribuição específica para o espírito humano em geral, o que permite combinar relativismo e universalismo de forma peculiar. É também Humboldt quem vai unir cultura e a língua. A língua é percebida como o reservatório de todas as experiências afetivas, morais e cognitivas que formam o caráter nacional, implicando uma forma única e singular de ver e interpretar o mundo.

É que, embora a língua seja, ela própria, um produto histórico, ela também é um pressuposto de todo processo de aprendizado social por conta de seu processo de aquisição pré-reflexivo na socialização familiar primária. Assim, do mesmo modo que aprendemos a utilizar inconscientemente as regras da gramática de cada língua, aprendemos a desempenhar as regras de comportamento de cada cultura singular. A partir dessa definição de "cultura" — como produto inconsciente presente tanto em cada indivíduo quanto no todo social e que determina a forma como forjamos nossas opiniões e nosso comportamento efetivo — temos a invenção da ideia central que influenciará o pensamento da antropologia, da sociologia e das ciências sociais em geral no mundo inteiro, durante todo o século XX até hoje.

E não apenas nas ciências sociais. No mundo cotidiano, quando pensamos em "cultura", estamos nos referindo a este sentido peculiar inventado pela tradição historicista alemã do século XIX. O sucesso dessa definição foi estrondoso. Começando pela antropologia, mas logo tomando de assalto todas as ciências sociais, o "culturalismo", ou seja, a forma de se perceber cada sociedade concreta como resultante histórica de um conjunto de características orgânicas e totalizantes, se tornaria a forma por excelência da narrativa científica nas ciências sociais. O sucesso dessa narrativa foi tão grande que ela inaugura uma nova forma de legitimar a dominação planetária substituindo com vantagens os antigos paradigmas binários anteriores. Assim, em vez de termos os polos que opunham cristãos e pagãos, ou civilizados e bárbaros, teremos agora, como veremos em detalhe mais à frente, a oposição entre povos protestantes e honestos e povos inferiores e desonestos. Permaneçamos ainda, por um momento, dentro da reconstrução histórica do culturalismo.

Razões circunstanciais atuam no sentido de que a novidade do culturalismo chegue prematuramente ao Brasil. Isso se deve ao fato de que um dos mais importantes pioneiros do culturalismo como perspectiva teórica, o antropólogo alemão Franz Boas, tendo emigrado para os Estados Unidos no final do século XIX, foi uma figura-chave para propagação do culturalismo nas nascentes ciências sociais americanas.[6] Boas foi também

---

6 George Stocking, *Volksgeist as Method and Ethic*, Madison, University of Wisconsin Press, 1996.

a figura intelectual mais marcante para a formação intelectual do então jovem estudante Gilberto Freyre.

Freyre, por sua vez, vai operacionalizar de modo muito pessoal e peculiar essas ideias do novo culturalismo antropológico. Na sua obra, ao contrário de Boas e da tradição expressivista alemã, Freyre não tem a mesma preocupação em separar raça e cultura, que são percebidas, muitas vezes, como equivalentes. Tendo em mente a enorme influência do racismo científico no mundo intelectual brasileiro da época, isso não é de admirar. Ainda assim, de modo ambíguo e muitas vezes impreciso, Freyre foi fundamental para a crítica do racismo científico e do racismo social brasileiro enquanto tal. Embora sua perspectiva seja elitista e, em grande medida, estabelecida a partir do olhar do dominador, o uso político de suas ideias por Getúlio Vargas foi infinitamente mais progressista que o racismo travestido de moralismo construído mais tarde por Sérgio Buarque, seguido por pelo menos 90% da intelectualidade brasileira bem pensante daquele tempo e ainda hegemônico até hoje.

Na verdade, Freyre percebeu o culturalismo de Boas como uma forma de superar o pessimismo cultural que a aceitação sem restrições do pior racismo científico, ao estilo de Gobineau, significava para o Brasil como povo de maioria de negros e mestiços. O país seria uma espécie de "lixo racial" do planeta, pela presença de um povo mestiço que nem as virtudes ambíguas do "negro puro" teria. Essas ideias eram encampadas por praticamente toda a inteligência nacional, com poucas variações da mesma melodia. O Brasil era — e certamente ainda é — assombrado pelo fantasma do "branqueamento", o qual era percebido, em uma sociedade que une raça e classe social de modo inextricável, tanto como aprendizado de estilo de vida burguês e europeizado quanto como apagamento de características fenotípicas negroides.

É precisamente nesse contexto de uma autopercepção nacional, que implicava sufocante autodesprezo e baixa autoestima, que Freyre passa a celebrar o mestiço como algo bom em si e passível inclusive de celebração nacional. Essa inversão de valoração, como toda inversão especular, já deixa perceber que o trabalho principal não foi realizado — o que implicaria uma crítica dos pressupostos racistas seja da desvalorização, seja da valoração do mestiço. Mas essa crítica de pressupostos, que é o mais importante trabalho da reflexão científica, não havia sido realizada nem por Freyre nem por ninguém até meu próprio trabalho crítico, como ficará evidente na terceira parte deste livro.

O que importa verdadeiramente é que Freyre ao menos tentou mitigar os efeitos deletérios do racismo científico, seja na reflexão científica de sua época, seja nos efeitos gigantescos desta autopercepção absurda e desprezível para a sociedade como um todo. Por esse motivo, o Brasil jamais havia construído um mito nacional abrangente antes de Gilberto Freyre. Freyre será o construtor do primeiro mito nacional brasileiro bem-sucedido, precisamente porque conseguiu transformar a ideia humilhante do brasileiro mestiço, com a qual ninguém poderia se identificar positivamente no contexto do racismo reinante, na ideia, pelo menos ambiguamente positiva, do "bom mestiço".

O contraponto, desde o início, é o americano, como será o caso, seja de modo explícito ou implícito, de praticamente todo intelectual brasileiro desde o século XIX. Freyre não consegue perceber que a ideia do "branco", pensado como estoque racial privilegiado, é simplesmente mantida e repetida no "pioneiro" protestante e ascético, pensado como estoque cultural da suposta superioridade americana. Mas ele luta bravamente, dentro do terreno demarcado pelo inimigo, para perceber as ambiguidades do antigo branco que agora é o pioneiro protestante e que se pretende, por conta de sua suposta herança cultural, superior, perfeito e "merecedor" do exercício do domínio global.

Dito ainda de outro modo: como Freyre não percebe que tanto o racismo biológico quanto o racismo cultural partem do mesmo princípio da oposição entre espírito como virtude e corpo como animalidade, ele luta desesperadamente dentro do contexto do racismo cultural para mostrar as ambiguidades da noção de espírito e revalorizar, a partir dessa contraposição, as virtudes dominadas do corpo. O "bom mestiço" brasileiro é o produto dessa tentativa de transformação valorativa. Freyre observa que, no contexto americano, a segregação racial e cultural é a regra. No Brasil, como a própria mestiçagem, isso se atestaria facilmente porque verificável empiricamente; sendo assim, a interpenetração entre "raças" e culturas seria a regra.

Partindo dessa distinção, Freyre constrói toda a sua metamorfose valorativa sem jamais abandonar verdadeiramente o terreno envenenado do racismo cultural que combate. Desse modo, o autor "positiva" o mundo dos afetos e dos sentimentos, que, na cultura ocidental, é considerado negativo pela proximidade com o mundo animal e pela distância em relação ao espírito, definido justamente como o controle da esfera afetiva. Freyre se aproveita, portanto, da unilateralidade de uma visão desencarnada e fria do espírito para celebrar a brasilidade mestiça como a vitória da afetividade que aproxima ao invés de distanciar. Obviamente, os temas e as virtudes ambíguas que se apresentam nesse contexto são a sexualidade não reprimida, a hospitalidade, a cordialidade, a celebração da vida, a festa, a espontaneidade, a amizade, o encontro de contrários e o aprendizado cultural com o diferente. Esses são os temas que — assim como o cinema, a música e o teatro nacionais — todo brasileiro liga espontaneamente à brasilidade, como virtude e celebração. Esses são também os temas das festas da brasilidade, como o carnaval, por exemplo. Tudo isso foi criado por Gilberto Freyre e não existia desse modo nem com essa força antes dele.

Assim, em vez de preguiçoso, burro e feio, como o mundo e a elite brasileira o viam, o mestiço é transformado por Freyre no homem plástico, capaz de se adaptar às mais diversas situações sociais e climáticas e aprender com outras "raças" e culturas, ao mesmo tempo que convive com todas elas em harmonia. Mais ainda, seria um tipo social menos racista e segregador, que celebra a alegria de viver, o sexo, a música, a dança, a hospitalidade e a espontaneidade. Estava criada aí uma fantasia social com a qual todo brasileiro podia se identificar de modo positivo, sem se sentir a última das "raças". Na construção do "bom mestiço",

Freyre constrói a ideia de uma cultura luso-brasileira bem próxima da noção de cultura de seu mestre Franz Boas. A cultura luso-brasileira seria, afinal, um conjunto de propensões ao comportamento prático, como a adaptabilidade, o compromisso e a plasticidade, que havia reproduzido no Brasil uma experiência semelhante à do português que conquista boa parte do mundo conhecido.

No entanto, como toda ideia individual, o "bom mestiço" tinha que se ligar a poderosos interesses econômicos, sociais ou políticos para se tornar uma ideia social compartilhada por todos. A revolução cultural que a publicação de *Casa-grande & senzala* provocou em 1933, sobretudo entre os artistas e pensadores brasileiros, já comprovava a necessidade social e objetiva de um resgate da autoestima nacional sentida por todos como tarefa urgente. Mas foi o uso das ideias de Freyre por Getúlio Vargas e sua propaganda que ajudou a disseminar a nova mensagem.

Essa nova mensagem do "bom mestiço" caía como uma luva no projeto político varguista de desenvolvimento, industrialização e inclusão popular. Ela dizia que não precisávamos buscar brancos lá fora para "embranquecer" o povo de modo a torná-lo útil e civilizado. O povo brasileiro, mestiço e negro como era, tinha virtudes próprias e uma rica tradição cultural que devia ser celebrada e preservada. O que esse povo precisava era de estudo — ao que a educação pública e universal visava — e de emprego, viabilizado pela Lei dos 2/3 para permitir inclusão de negros e mestiços nas novas indústrias que se criavam. A ideia aqui não era excluir e marginalizar o mestiço e o negro, como no restante da tradição colonial e republicana. Vargas inaugura a tradição antirracista e antielitista brasileira, que seria continuada por Jango, Lula e Dilma, todos derrubados por golpes de Estado precisamente por serem inclusivos e antirracistas — e não por corrupção, obviamente. Veremos mais adiante que a tradição do falso moralismo da corrupção supostamente presente apenas no Estado seria construída para possibilitar que racistas e segregacionistas tirassem onda de defensores da moralidade pública.

INTRODUÇÃO

Uma vez que o Brasil é um país informalmente colonizado pelos Estados Unidos, como de resto toda a América Latina, há um vínculo orgânico entre todos os discursos pseudocientíficos que legitimam a narrativa política dominante e influenciam diretamente a vida das pessoas comuns. Getúlio Vargas se aproveitou do relativo vácuo de poder entre guerras, quando a Inglaterra estava decadente e os Estados Unidos ainda não tinham assumido o papel de nova potência imperialista. Do mesmo modo, Freyre participava de uma geração de intelectuais que incluía Mário de Andrade e os modernistas paulistas e que procurava interpretar o Brasil de modo autônomo e distinto dos paradigmas dos colonizadores.

UMA NOVA CIÊNCIA PARA UM NOVO IMPÉRIO

Mas a relativa liberdade imperial durou pouco, e o próprio Getúlio sentiria na carne a vingança por sua ousadia de haver sonhado transformar um país periférico e colonizado em uma sociedade pujante e rica para a maioria de seu povo. Novas ideias estavam sendo gestadas — tanto na metrópole quanto na periferia do capitalismo — com o objetivo de matar qualquer ilusão de autonomia para sociedades periféricas como a brasileira. Ideias que surgiram para criar uma aliança de ferro e permitir a perfeita harmonia de interesses entre elites metropolitanas e elites periféricas no saque compartilhado dos povos periféricos. É claro que armas poderosas e atômicas funcionam como garantia em última instância, mas, como sempre, são ideias envenenadas, utilizadas como armas, os instrumentos mais eficazes para colonizar a imaginação do público e impossibilitar sua capacidade de reação.

É preciso ter sempre em mente — o que infelizmente quase nunca é o caso — que a peculiaridade dos seres humanos é a de serem animais que se interpretam.[7] Isso significa que não existe "comportamento

---

[7] Charles Taylor, *Human Agency and Language, Philosophical Papers*, vol. 1, Cambridge, Cambridge University Press, 1985.

automático" e instintivo, como nos outros animais, mas, sempre, comportamento influenciado por uma "forma específica de interpretar e compreender a vida". Todo comportamento humano é influenciado, portanto, por uma ideia, ainda que não necessariamente explícita, refletida ou "consciente". Essas interpretações que guiam nossas escolhas na vida foram obra de profetas religiosos no passado. Nos últimos 200 anos, essas interpretações que explicam o mundo e nos dizem como devemos agir nele foram obra de intelectuais.

Talvez o mais importante desses intelectuais no Ocidente moderno tenha sido — sem dúvida juntamente com Karl Marx — o sociólogo alemão Max Weber. Foi da pena de Max Weber que se originou a forma predominante como todo o Ocidente moderno se autointerpreta e se legitima. Afinal, as ideias dominantes que circulam na imprensa, nas salas de aula, nas discussões parlamentares, nas discussões de botequim, nos almoços de família, e em todo lugar, são sempre formas mais simplificadas de ideias produzidas por grandes pensadores. Daí a importância de recuperar o sentido original dessas ideias que são tão importantes para nossa vida, ainda que, normalmente, não nos demos conta disso.

Afinal, é a ciência que herda o prestígio da religião no contexto pré-moderno e assume, em boa parte pelo menos, o papel de explicar e influenciar o comportamento prático no mundo moderno. Assim, quem decide acerca do que é verdade ou mentira, decide também acerca daquilo que passa a ser considerado "certo" ou "errado". O que parece ser apenas "cognitivo", ou mero conhecimento, é, na verdade, a fonte que comanda todas as nossas decisões morais e políticas. Por conta disso a ciência é tão importante atualmente quanto a religião foi no passado. Em outras palavras: não existe ordem social moderna sem uma legitimação pretensamente científica desta mesma ordem.

Talvez o uso de Max Weber e de sua obra seja um dos exemplos mais significativos do caráter bifronte da ciência: tanto como mecanismo de esclarecimento e crítica do mundo quanto como mecanismo de encobrimento das relações de poder que permitem a reprodução de privilégios injustos de toda a espécie. É um atestado da singular posição que Weber ocupa no horizonte das ciências sociais perceber que, precisamente por ter captado a "ambiguidade constitutiva" do racionalismo singular ao Ocidente,[8] ele tenha formulado os dois diagnósticos da época mais importantes para a autocompreensão do Ocidente até nossos dias: uma concepção liberal, afirmativa e triunfalista do racionalismo ocidental; e uma concepção crítica, extremamente influente deste mesmo racionalismo, que procura mostrar sua unidimensionalidade e superficialidade.

Para a versão liberal e afirmativa, Weber fornece, por um lado, sua análise da "revolução simbólica" do protestantismo ascético. Para ele, a efetiva revolução moderna, na medida em que transformou a "consciência" dos indivíduos, e a partir daí a realidade externa. É a figura do protestante ascético que, com vontade férrea e com as armas da disciplina e do autocontrole, cria o fundamento histórico para a noção de "sujeito" moderno. É esta ideia que cria a noção moderna de "personalidade" enquanto entidade percebida como um todo unitário com fins e motivos conscientes e refletidos. Essa ideia é o fundamento da noção de "liberalismo moderno", uma espécie de "religião secular" da época, sendo a base de toda ética e de todo comportamento prático, seja na dimensão institucional, seja na dimensão individual.

A grande maioria das versões apologéticas do "sujeito liberal" nutre-se quase sempre com fundamento empírico na história da pujança econômica e política norte-americana, em maior ou menor grau, na figura do pioneiro protestante weberiano. Além disso, por outro lado, é Weber quem reconstrói sistematicamente a lógica de funcionamento tanto do mercado competitivo capitalista quanto do Estado racional

---

[8] A palavra "racionalismo" para Weber significa a forma como uma determinada formação cultural percebe e avalia o mundo em todas as suas dimensões. *Ver a respeito* Jessé Souza, *Patologias da modernidade: um diálogo entre Weber e Habermas*, São Paulo, Annablume, 1997, *ver também* Wolfgang Schluchter, *Die Entwicklung des okzidentalen Rationalismus*, Tubinga, J.C.B. Mohr, 1979.

centralizado, de modo a percebê los como instituições cuja eficiência e "racionalidade" não teriam igual. Ainda que a perspectiva liberal apologética se restrinja ao elogio do mercado, confluem, aqui, os aspectos subjetivos e objetivos (institucionais) que fundamentam, de modo convincente, a afirmação do "dado", ou seja, do mundo social capitalista como sendo o melhor possível.

Mas Weber, e nisso reside sua influência e atualidade extraordinárias, também percebia, no entanto, o lado sombrio do racionalismo ocidental. Se o pioneiro protestante ainda possuía perspectivas éticas na sua conduta, seu "filho" e, muito especialmente, seu "neto", habitante do mundo secularizado, é percebido por Weber de modo bastante diferente. Para descrevê-lo, Weber lança mão de dois "tipos ideais", ou seja, de modelos abstratos, no caso, de modelos abstratos de condução de vida individual, os quais se encontram sempre misturados em proporções diversas na realidade empírica concreta. Esses "tipos ideais" que explicam o indivíduo típico moderno para Weber são, por um lado, o "especialista sem espírito", que tudo sabe acerca do seu pequeno mundo de atividade e nada sabe (nem quer saber) acerca de contextos mais amplos que determinam seu pequeno mundo. Por outro lado, há o "homem do prazer sem coração", que tende a amesquinhar seu mundo sentimental e emotivo à busca de prazeres momentâneos e imediatos.[9]

Se a primeira leitura fornece o estofo para a apologia liberal do mercado e do sujeito percebido como independente da sociedade e de valores supraindividuais, a segunda leitura marcou profundamente toda a reflexão crítica da sociedade moderna até nossos dias. A segunda leitura permite a percepção do indivíduo moderno como suporte das ilusões da independência absoluta e da própria perfeição narcísica, quando, na verdade, realiza, sem saber, todas as virtualidades de uma razão instrumental que termina em consumismo e conformismo político. Não

---

[9] Ver Jessé Souza, *Patologias da modernidade*, op. cit.

à toa, a segunda leitura está na base de grande parte das vertentes de pensamento crítico mais influentes do século XX.[10]

Nesta introdução, nosso interesse é examinar de perto o elemento apologético e o uso do prestígio científico weberiano para a afirmação de uma visão distorcida, conformista e superficial da realidade. Minha tese é a de que a própria construção de uma oposição substancial entre sociedades avançadas do centro — Europa Ocidental e Estados Unidos — e sociedades atrasadas da periferia — por exemplo, as sociedades latino-americanas — foi construída, pelo menos em sua versão mais "moderna" e "culturalista", em grande medida com base nas categorias weberianas. Isso significa que Weber foi utilizado para a legitimação do racismo científico global travestido de culturalismo.

Falo de "racismo" em um sentido muito preciso, nomeadamente, quando as categorias científicas são utilizadas "por baixo do pano", ou seja, sem que seu real caráter fique efetivamente explícito como justificação de uma violência simbólica que, ao fim e ao cabo, funciona como uma espécie de "equivalente funcional" do racismo racial ou de classe, só que agora destinado a oprimir povos e sociedades inteiras. Estou consciente de que a aproximação entre "racismo" e "ciência" provoca desagrado a certos espíritos delicados. Talvez o desagrado seja, como quase sempre, simplesmente o "sintoma" de um problema real.

Afinal, do mesmo modo como o "racismo científico" — que possuía projeção internacional até a década de 1920 — partia da suposta superioridade de "certo estoque racial" dos povos brancos e de olhos azuis, a versão "culturalista" do racismo parte da superioridade de certo "estoque cultural" das sociedades do "Atlântico Norte" como fundamento da "superioridade" dessas mesmas sociedades. Não por acaso, são as mesmas sociedades habitadas pelos mesmos povos brancos de

---

10 De Georg Lukács até a Escola de Frankfurt, passando por Jürgen Habermas e Pierre Bourdieu, é difícil se pensar em um grande expoente da teoria social crítica não influenciado por Max Weber. Ver Jürgen Habermas, *Die theorie des kommunikativen Handelns*, v. II, Frankfurt, Suhrkamp Verlag, 1986.

olhos azuis. A explicação das razões da superioridade inata muda com o sabor das modas científicas, mas seu procedimento e seu objetivo são precisamente os mesmos: do mesmo modo que no racismo de fundo "racial" é construída uma separação "ontológica" entre sociedades "qualitativamente distintas", onde as diferenças não são de "grau", mas de "essência", implicando a noção tanto de "gente" quanto de "sociedade" superior. No culturalismo, o procedimento é idêntico e se buscam os mesmos fins.

Minha tese é, portanto, que a obra de Max Weber foi utilizada em sua versão apologética para conferir "prestígio científico" a uma nova forma de racismo global travestido de "culturalismo científico". É importante notar que, em consonância com o caráter informal do imperialismo americano, que privilegia o domínio econômico sem os custos da dominação social e política, que não se trata aqui de confrontação entre "países", por exemplo, dos Estados Unidos contra o Brasil. Neste contexto, a questão central é a necessidade de se forjar uma aliança orgânica entre a elite americana e a elite brasileira (e a elite dos outros países periféricos), de modo a saquear e oprimir de modo "legítimo", ou seja, "científico", os respectivos povos, muito especialmente, a população do país periférico. A reconstrução histórica das ideias dominantes do novo racismo global americano, nos Estados Unidos e no Brasil, vai mostrar a verdade dessa afirmação sobejamente, estou convencido.

O racismo velado do "culturalismo científico" opõe e separa como configurações substancialmente diferentes as sociedades ditas "avançadas" e as ditas "atrasadas", ou como manda o politicamente correto, as "sociedades em desenvolvimento". Essa oposição é construída simultaneamente na dimensão cognitiva, estética e moral, ou seja, as três dimensões do espírito como Kant havia construído. Assim, as sociedades avançadas e, por extensão, todos os seus membros são percebidos como mais "racionais", ou seja, o dado cognitivo, mais bonitos e sensíveis, ou seja, o dado estético, assim como "moralmente superiores" e mais "honestos", ou seja, o dado moral. Como essas categorias só são compreensíveis na relação especular e dual com suas oposições binárias, as sociedades atrasadas, as sociedades latino-americanas no nosso caso, têm então que serem construídas como negatividade tanto na esfera cognitiva e estética quanto na esfera moral. E é precisamente o que acontece na realidade. Assim, para fazer a oposição especular perfeita, as sociedades latino-americanas são percebidas por todas as versões hegemônicas desse culturalismo como "afetivas e passionais" e, em consequência, corruptas, dado que supostamente "personalistas", como se houvesse, em algum lugar do mundo, sociedades "impessoais".

Como o afeto e a emoção são percebidos na hierarquia moral ocidental como o "outro negativo" da razão desde Platão e como a doutrina platônica da virtude foi transformada no caminho da salvação cristã, essa doutrina tornou-se a base cotidiana e inconsciente de toda ética ocidental.[11] As ideias que nos dominam e sobre as quais não refletimos mais são precisamente as mais importantes. Quando "naturalizamos" ideias, elas se tornam semelhantes ao instinto e passamos a agir como formigas e abelhas reproduzindo um comportamento acerca do qual não mais refletimos. Quando santo Agostinho, no começo de nossa era, interpreta a virtude cristã como controle dos afetos pelo "espírito", ele cristaliza a forma como primeiro a Igreja e depois, por conta da força da pregação cristã no Ocidente, todos nós vamos "avaliar" o mundo. O pecado passa ser o "afeto", e a salvação, a "razão". Em grande parte, como resultante da própria ideia da dominação dos afetos, temos também a ideia de uma suposta orientação "particularista" — a famosa preferência "pessoal" ao invés do domínio da "impessoalidade" — do comportamento das sociedades latino-americanas que as tornariam essencialmente corruptas. A corrupção ou a desconfiança generalizada também seria, é claro, um apanágio dos habitantes dessas mesmas sociedades.

---

11 O argumento que liga a herança platônica à hierarquia moral do Ocidente talvez tenha sido mais bem desenvolvido em todas as suas consequências por Charles Taylor do que qualquer outro pensador. Ver Charles Taylor, *Sources of the Self*, Cambridge, Harvard University Press, 1989.

Como essa oposição é criada e legitimada "cientificamente" e o que isso tem ver com a obra weberiana? Max Weber oferece os conceitos centrais por meio dos quais foram pensados e tornados "vida prática" essa divisão racista entre "gente" superior, honesta e "racional", das sociedades avançadas, e "subgente" inferior, "afetiva" e corrupta, das sociedades latino-americanas e periféricas. Tudo isso é feito como se estivesse apenas "descrevendo" a realidade, ou seja, como as coisas efetivamente são. Como se esta descrição já não estivesse grávida de uma avaliação que animaliza e desumaniza. Uma avaliação que, do mesmo modo que no cristianismo, condena uns à danação eterna, e outros, à salvação e ao paraíso. Só que, agora, com os meios da "ciência", ou seja, dando a impressão de que se é muito moderno e científico. Max Weber é uma espécie de "chave mestra" que nos permite abrir o registro profundo desse "racismo científico" dominante em todo lugar, ainda que até hoje inarticulado, mas, por isso mesmo, "naturalizado" e aceito tanto na esfera científica quanto na esfera prática e cotidiana de todas as sociedades modernas.[12] O motivo para isso é que Weber influenciou decisivamente, como veremos, a ciência do colonizador assim como a ciência do colonizado.

Tomemos, a título de exemplo, duas obras representativas que reproduzem com fidelidade o que acabamos de dizer: as obras de Talcott Parsons nos Estados Unidos — o mais importante sociólogo americano do século XX — e a obra de Sérgio Buarque no Brasil — o autor mais influente da sociologia brasileira até hoje. Weber tanto foi utilizado por Talcott Parsons, a partir dos anos 1930, para criar uma imagem idealizada da sociedade americana, especialmente — ainda que não apenas — na construção de seus *pattern variables* (variáveis padrão) para a análise do comportamento social que se tornou o eixo teórico central de toda a "teoria da modernização", influente ainda hoje, mesmo em

---

12 Jürgen Habermas utilizou procedimento semelhante no seu *Der philosophische Diskurs der Moderne*, Frankfurt, Suhrkamp Verlag, 2005, ao utilizar Nietzsche como "chave mestra" (*Drescheibe*) do pensamento pós-moderno.

outras roupagens. Mas foi também o mesmo Weber que foi utilizado por teóricos latino-americanos, também a partir dos anos 1930, para a construção de uma interpretação colonizada e inferiorizada da América Latina.[13] O conceito central dessa versão ainda hoje dominante foi e é a correlação entre "homem cordial" e "patrimonialismo", retirados de modo a-histórico e sem rigor analítico da obra weberiana, como veremos em mais detalhes a seguir na nossa crítica tanto a Sérgio Buarque quanto a Raymundo Faoro.

Ambas as construções de Parsons e Buarque são como imagens no espelho de uma e outra. À construção do predomínio do "primitivo", "pessoal" e "corrupto", como marcas da sociedade patrimonialista, temos a afirmação da "modernidade", "impessoalidade" e "confiança" típicas das sociedades centrais, muito especialmente da sociedade americana. Esse quadro vigora até hoje nas "ciências da ordem" hegemônicas praticamente sem críticas no mundo inteiro. Esse ponto é fundamental, posto que permite demonstrar que a partir de um fundamento comum: uma leitura unilateral da tese weberiana da especificidade do Ocidente, pôde se constituir uma leitura hegemônica das ciências sociais contemporâneas cujo núcleo é um "equivalente funcional" do racismo científico sem disfarces antes dominante. O que antes era legitimado como diferença racial e biológica passa a ser obtido pela noção de "estoque cultural", num caso, o das sociedades do Atlântico Norte, supostamente cognitiva, estética e moralmente superior, e no caso exemplar das sociedades latino-americanas, cognitiva, estética e moralmente inferior. Assim, se a diferença entre o desenvolvimento relativo das sociedades era explicado no século XIX pelo suposto "estoque racial", a partir do século XX essa diferença vai ser explicada por supostos "estoques culturais" distintos.

É importante sempre notar que não são apenas as sociedades que são percebidas como sendo "inferiores" em todos os aspectos decisivos da

---

13 Uso aqui uma adaptação livre do termo cunhado por Edward Said no seu livro sobre orientalismo.

moralidade dominante; o cognitivo, o moral e o estético. Também os "habitantes" dessas sociedades passam a ser vistos como menos inteligentes, mais feios e, cereja do bolo, moralmente inferiores e indignos de confiança, basta ver a representação dos mexicanos na imensa maioria dos *westerns* americanos. É claro também que essa "gentinha" passará a ser vista também, pelos outros e por si mesmos, como potencialmente corruptos. Nada mais natural, portanto, que as riquezas e as empresas mais rentáveis desses países corruptos e inferiores sejam dadas a preço de banana para os americanos tão honestos, bonitos e inteligentes, não é mesmo, caro leitor e cara leitora?

Hoje em dia, alguns partem do falso pressuposto de que a "teoria da modernização", em boa medida inspirada no parsonianismo, teria morrido no final da década de 1960, quando alguns de seus próprios arautos mais importantes passaram a criticar de forma decidida alguns dos pressupostos centrais dessa teoria.[14] Isso simplesmente não é verdade. Os pressupostos do "racismo cultural" da teoria da modernização continuam a operar até hoje em literalmente todas as grandes teorias sociais que pretendem lidar com a sociedade mundial e com a separação entre Norte e Sul global. Algumas indicações acerca disso serão feitas mais adiante.

E como os debates nos jornais, na televisão, nas universidades, nos tribunais e nos parlamentos são sempre alguma forma de repetição mais simplificada da produção de intelectuais influentes, conhecer esses argumentos "intelectuais" é entender, na realidade, como o mundo "prático" funciona. No mundo cotidiano, essas ideias parecem não ter autoria e ser tão "naturais" como ter duas pernas e dois olhos. Por conta disso, recuperar a sua gênese perdida é o mesmo que recuperar o sentido mais profundo de nossas ações e avaliações no mundo.

---

14 Como, por exemplo, Shmuel Eisenstadt, *Tradition, Wandel und Modernität*, Berlim, Surhkamp Verlag, 1979.

INTRODUÇÃO

Como se inicia o "racismo científico/culturalista" e como ele se desdobra em uma versão central do Norte global e outra periférica do Sul global? O culturalismo que passa a ser a leitura dominante nas ciências sociais americanas com a crítica ao "racismo científico", em boa parte devido ao prestígio da obra de Franz Boas na primeira metade do século XX, não começa com Parsons.[15] Mas é Parsons quem constrói a síntese mais coerente do ponto de vista teórico e mais influente do ponto de vista pragmático/político.

A questão básica da sociologia para Parsons é perceber como a ação social pode ser integrada por meio de valores compartilhados socialmente. Nesse sentido, a questão de perceber como os valores sociais orientam a ação prática dos indivíduos é o objetivo maior da ciência social. A construção das *pattern variables* (variáveis padrão) levada a cabo por Parsons e Edward Shills em *Toward a General Theory of Action* espelhava precisamente pares dicotômicos de orientações valorativas que permitiriam determinar o sentido da ação social em qualquer contexto.[16] Os polos dessas variáveis refletiam precisamente, não por acaso, as oposições que estamos discutindo aqui, como as oposições entre racional, impessoal e universal, de um lado, e afetivo, personalista e particularista, de outro.

A importância desse esquema para as ciências sociais americanas e depois para toda a ciência social do pós-guerra foi retumbante. Não existia praticamente nenhuma área das ciências sociais que não fosse dominada pela procura da demonstração empírica da validade teórica universal dessas categorias.[17] No começo, o aspecto mais importante era simplesmente legitimar científica e politicamente — com farto

---

15 George Stocking, *Volksgeist as Method and Ethic*, op. cit.
16 Talcott Parsons, Edward Shills *et al.*, *Toward a General Theory of Action*, Nova York, Harper Torchbooks, 1965.
17 Ver Michael Latham, *Modernization as Ideology*, Chapel Hill, The University of North Caroline Press, 2000; e Nils Gilman, *Mandarins of the Future*, Baltimore, John Hopkins University Press, 2007.

financiamento das agências estatais americanas nos Estados Unidos e fora dele — a superioridade americana em relação a todas as outras sociedades.[18] Como os Estados Unidos estavam refazendo o capitalismo global sob a forma de um "imperialismo informal", havia a necessidade, na dimensão simbólica, de legitimar tal processo "cientificamente".

Isso incluía comparar e classificar tanto as sociedades europeias quanto muito especialmente as do terceiro mundo, de modo a transformar a sociedade americana do pós-guerra em modelo absoluto, concreto e realizado de todas as promessas da modernidade ocidental. A oposição moderno/tradicional utilizada por Weber para explicar a gênese da singularidade do Ocidente e o "aparecimento do capitalismo apenas no Ocidente", no contexto de seus estudos sobre as grandes religiões mundiais, foi utilizada para o estudo dos "entraves para a expansão do capitalismo em escala global".

Foi cuidadosa e intencionalmente posta de lado toda a ambiguidade de Max Weber em relação ao capitalismo — produtor de seres humanos amesquinhados precisamente nas dimensões cognitiva e moral (os especialistas sem espírito e os homens do prazer sem coração) — e em relação à própria sociedade americana — apresentada em texto nunca comentado pelos culturalistas sobre a hipocrisia como marca indelével da "confiança" interpessoal utilitária do protestantismo americano.[19] Houve um esforço deliberado e consciente para a retirada de todas as ambiguidades da obra weberiana para o uso pragmático e apologético de suas categorias para a percepção da sociedade concreta americana do pós-guerra como exemplo acabado de perfeição.[20] Foi a partir desse esforço "científico", politicamente financiado, que toda a hierarquia

---

18 Por exemplo, os livros clássicos de Edward Banfield, *The Moral Basis of a Backward Society*, Nova York, The Free Press, 1967; G. Almond e S. Verba, *The Civic Culture: Political Attitudes and Democracy in Five Nations*, Nova York, Sage, 1989.

19 Max Weber, *Die protestantische Sekten und der Geist des Kapitalismus*, Munique, C.H. Beck, 2011.

20 Nils Gilman, *Mandarins of the Future*, op. cit.

mundial passou a ter o exemplo concreto americano como modelo máximo, com todas as outras sociedades sendo percebidas como versões mais ou menos imperfeitas desse modelo.

Os efeitos "políticos" desse modelo — tornado hegemônico — de pensar o mundo são fáceis de ser identificados. Primeiro, o efeito conservador e de acomodação "para dentro", dado que, se os Estados Unidos já são um perfeito exemplo de modernidade realizada, então não existe nenhuma mudança desejável para a própria sociedade americana. Segundo, como a modernidade é percebida como um conjunto unitário e homogêneo de orientações valorativas, todas apenas positivas, então a legitimação científica da dominação fática dos Estados Unidos no "mundo livre" se torna completa. Novamente, porque a repetição na ciência pode ter a mesma importância que tem na música: esse esquema interpretativo geral não é apenas americano e muito menos limitado ao período do pós-guerra, como é sempre muito repetido. Ao contrário, depois da recuperação europeia a partir dos anos 1960 e 1970, esse esquema continua a ser utilizado apesar das críticas às suas categorias principais, com a única diferença que se utiliza agora a palavra "Ocidente" como algo restrito às sociedades do "Atlântico Norte", ou seja, Europa Ocidental e Estados Unidos/Canadá. A categoria de "Ocidente" é ampliada, mas o racismo implícito se mantém.

Para evitar as guerras e as rivalidades entre os imperialistas que haviam levado a duas guerras mundiais, o novo imperialismo americano adota a "estratégia do G7". Esse "Atlântico Norte", com a entrada condescendente e tardia do Japão no time, dado o racismo reinante, passa a designar a perfeição contra o atraso. É nesse sentido que — fato que sempre surpreende alguns latino-americanos — nesses lugares se fale do Brasil e da América Latina como não só apartado do Ocidente, mas também como perfeito exemplo do "orientalizado" e inferiorizado, sendo antes o completo oposto ao Ocidente.

Mas que a ciência hegemônica e não crítica nas sociedades afluentes legitime seu próprio poder fático não é muito de se espantar. Afinal, a ciência crítica, ou seja, aquela que explicita e critica seus pressupostos, é minoritária em todo lugar. Além disso, é mais fácil convencer as pessoas daquilo que vai lhes trazer benefícios ideais e materiais palpáveis. O que causa mais espanto, no entanto, é o fato de que precisamente o mesmo esquema interpretativo foi utilizado também pelas sociedades periféricas — como a brasileira — para explicar suas próprias sociedades. No caso brasileiro, pasme caro leitor e cara leitora, essa teoria servil e lambe-botas, que serve para humilhar um povo inteiro como inferior, foi percebida como exemplo perfeito de uma teoria corajosa e crítica! Este é o fato mais intrigante e o nosso desafio a seguir.

O OVO DA SERPENTE DO VIRA-LATISMO CULTURAL

Desde a publicação do livro *A modernização seletiva*,[21] defendi a tese de que a interpretação que se tornou dominante, durante o século XX, da realidade social brasileira — certamente generalizável a diversas sociedades latino-americanas —, envolve, na verdade, a articulação das noções de personalismo/patrimonialismo de modo a justificar uma suposta singularidade cultural e social pré-moderna e atrasada entre nós.[22] Essa "pré-modernidade" é o núcleo, nunca na verdade explicitado, de noções hoje correntes como "jeitinho brasileiro"; da visão do Brasil e das sociedades latino-americanas como se funcionassem a partir de uma hierarquia social comandada pelo "poder pessoal", isto é, em linguagem sociológica, "capital social de relações pessoais". Seria esse capital de relações com pessoas influentes que constituiria tanto o "personalismo" — relações favor/proteção enquanto fundamento da hierarquia social como um todo —, quanto também o "patrimonialismo" — uma vida

---

21 Jessé Souza, *A modernização seletiva*, Brasília, Editora UnB, 2000.
22 As obras de Octávio Paz, no México, e de Gino Germani, na Argentina, demonstram que esses temas não eram apenas brasileiros, mas, também, latino-americanos em sentido amplo

institucional que tem como fundamento uma "elite estatal", também pré-moderna, que parasitaria toda a sociedade.

Hoje em dia, essa tese da "singularidade cultural" brasileira, *pensada de modo absoluto* como um povo com características únicas e incomparáveis — para o bem e para o mal — é como uma "segunda pele" para todos os brasileiros, intelectuais ou não. Poucos duvidam entre nós de que isso seja a verdade. Tanto a "direita" quanto a "esquerda", inclusive, são colonizadas por tal visão com consequências funestas para o país. Essa singularidade unânime é constituída pela junção e combinação das noções descritas anteriormente de personalismo e patrimonialismo.

A figura de Gilberto Freyre é central no tema, posto que ele fundou, literalmente, a forma dominante como o Brasil contemporâneo percebe a si mesmo, não apenas neste "romance da identidade nacional" chamado *Casa-grande & senzala*, mas em toda a sua obra. Ainda que os temas recorrentes usados na imagem da "identidade" do brasileiro, como "o encontro de raças", sejam tão velhos quanto a independência do Brasil[23] — e consequentemente da necessidade prática de fontes alternativas de solidariedade social, além do poder local e pessoal dos donos de terra e gente, para a jovem nação que se constituía —, foi apenas quando Freyre inverteu a fórmula "racista científica", que condenava a nação de mestiços e negros a um futuro sombrio, que a "identidade nacional" passou a ser um elemento de extraordinário sucesso, tomando coração e mentes de brasileiros de Norte a Sul.

Foi Freyre, afinal, o primeiro a articular a tese do "mestiço is beautiful", permitindo interpretar a miscigenação visível e palpável da sociedade brasileira como uma "virtude cultural" — quando durante todo o século XIX e até os anos 1930 era considerado por todos nosso principal defeito — e sinal, "empiricamente verificável nas ruas", da suposta tolerância e abertura cultural brasileira. Foi Freyre, portanto, quem construiu o "vínculo afetivo" do brasileiro com uma "ideia de

---

[23] Fabrício Maciel, *O Brasil-nação como ideologia*, Annablume, São Paulo, 2007.

Brasil", em alguma medida pelo menos, "positiva", com a qual a nação e os seus indivíduos podiam se identificar — ainda que ambiguamente.

Essa ideia caiu como uma luva nos interesses de arregimentação política do governo industrializante e modernizante de Getúlio Vargas e passou, como política de Estado, a ser ensinada nas escolas, e a ser cantada em prosa e verso como fundamento mesmo da "unidade morena" da nação brasileira. Afinal, a miscigenação racial funcionava como "redutor de todas as diferenças", especialmente das de classe social e prestígio, além de permitir uma associação "espontânea" com ideias como "calor humano", hospitalidade, sensualidade, cordialidade e todas as qualidades ambiguamente "pré-modernas" que hoje são patrimônio afetivo de todo brasileiro. Essa ideia, portanto, se apresenta a nós como "evidência não passível de discussão"; é hoje tornada uma "segunda natureza" e incorporada à identidade individual de todo brasileiro que se imagina incorporar virtualidades do comportamento humano que só existiriam por essas bandas tropicais.

O mais interessante no nosso contexto, no entanto, é examinar o modo como o mito da brasilidade e sua celebração das virtudes ambíguas da pré-modernidade se transformam em "ciência" conservadora e "racista", com toda a aparência de "ciência crítica", ao mesmo tempo que tira onda de leitura progressista da sociedade. Isso nem Parsons e seus colaboradores lograram com tanto sucesso. Esse ponto é fundamental para compreendermos de que maneira as "ideias" dos intelectuais passam a afetar decisivamente a vida prática de uma sociedade, legitimando e reproduzindo um cotidiano, como no caso brasileiro ainda hoje, de desigualdade e humilhação.

Afinal, no mundo moderno, como vimos, é a "ciência", substituindo a função das grandes religiões nas sociedades pré-modernas, que detém a "autoridade legítima" para falar no espaço público sobre qualquer assunto relevante. A esfera política não é exceção. A forma dominante de se perceber a política no Brasil foi produto do trabalho de intelectuais cujas "ideias" foram associadas, de modo intencional ou não, a "interesses" poderosos. Depois de institucionalizadas, essas ideias ganham vida própria, "esquecem" sua gênese e passam a influenciar a pauta dos jornais de toda mídia, além da imaginação dos políticos e homens de ação. Se quisermos compreender de que modo percepções arbitrárias do mundo se tornam norma de conduta "legítima", inclusive para aqueles que são oprimidos por ela, precisamos "relembrar" sua gênese.

Se pudemos dizer anteriormente que Freyre é o pai fundador da concepção dominante como o brasileiro se percebe no senso comum, então Sérgio Buarque é o pai fundador das ciências sociais brasileiras do século XX, consequentemente — e muito mais importante —, o autor da forma dominante pela qual a "sociedade brasileira" contemporânea se compreende com a chancela e a autoridade "científica". Desse modo, criticar Sérgio Buarque e sua obra é criticar a forma dominante como o Brasil se pensa até hoje. Sérgio Buarque fez sua obra-prima *Raízes do Brasil* em 1936, ou seja, três anos depois da publicação de *Casa-grande & senzala*, em 1933. Como todos os brasileiros desse período, Buarque foi influenciado decisivamente por Freyre nas ideias pioneiras que desenvolveu no seu livro clássico, que me parece, sem sombra de dúvida, o mais influente do pensamento social brasileiro no século XX, na medida em que construiu a "ideia-força" (uma ideia articulada a interesses poderosos que permite mascará-los e justificá-los) mais importante da vida política do Brasil moderno. Buarque de certa forma adapta o conteúdo popular da interpretação de Freyre e lhe confere uma direção política elitista, disfarçando o seu racismo, que se torna pouco a pouco a forma dominante.

Qual é a ideia-força que domina a vida política brasileira contemporânea? Minha tese é a de que essa ideia-força é uma espécie muito peculiar de perceber a relação entre mercado, Estado e sociedade, onde o Estado é visto, *"a priori"*, como incompetente e inconfiável, e o mercado, como local da racionalidade e da virtude. O grande sistematizador dessa ideia foi precisamente Sérgio Buarque de Holanda. Buarque toma de Gilberto Freyre a ideia de que o Brasil produziu uma "civilização singular" e "inverte" o diagnóstico positivo de Freyre, que defendia essa "civilização", e o "tipo humano" que ela produz. Isso se inverte com Buarque, seu "homem cordial" é, na verdade, ao contrário de nossa maior virtude, o nosso maior problema social e político. O povo brasileiro volta a ser a "lata de lixo" da história como já havia sido no período pré-Getúlio e pré-Freyre no contexto do racismo aberto que prevalecia antes de 1930. Buarque reedita o brasileiro como visto por Gobineau e os racistas da República Velha, mas sem falar mais de "raça" e sim de "cultura", o que permite, além de modernizar o racismo, torná-lo invisível enquanto tal.

Na realidade, Buarque assume todos os pressupostos metateóricos e teóricos da tese de uma sociedade pré-moderna dominada pela emotividade e pessoalidade assim como formulada por Freyre. O que Buarque acrescenta de (aparentemente) novo é transformar a ênfase no personalismo — a emotividade como um dado psicossocial que guia as relações interpessoais de favor/proteção — típica da interpretação freyriana — em ênfase no aspecto institucional e político, ou seja, do Brasil supostamente patrimonial. O "patrimonialismo" é uma espécie de duplo institucional do personalismo. É isso que confere o aparente "charminho crítico" de sua tese. Afinal, o "homem cordial" é emotivo, particularista e tende a dividir o mundo entre "amigos", que merecem todos os privilégios, e "inimigos", que merecem a letra dura da lei. Quem exerce a crítica patrimonialista no Brasil o faz com "ar de denúncia", fazendo pose de "intelectual crítico".[24] O interessante no argumento de Buarque é que, apesar de o "homem cordial" estar presente em todas as dimensões da vida, sua atenção se concentra apenas na ação do "homem cordial" no Estado.[25]

---

[24] Em entrevistas empíricas que realizamos, mais de 90% dos brasileiros tendem a identificar os problemas sociais brasileiros com a corrupção estatal. Ver Jessé Souza *et al. Valores e política*, Brasília, Editora UnB, 2000.

[25] Sérgio Buarque de Holanda, *Raízes do Brasil*, São Paulo, Companhia das Letras, 2001.

O que esclarece, portanto, a ideia-força da pseudocrítica social de Buarque é que ele criminaliza o Estado, no caso o Estado reformador e popular de Getúlio Vargas — o livro é de 1936, quando Vargas estava no poder —, e de lambuja criminaliza também todo novo Vargas que ouse aparecer mais tarde. Nada interessa mais às elites retrógradas do Brasil do que a criminalização do Estado, da política e, por extensão, da soberania popular. É ao esclarecimento deste ponto que nos dedicaremos a seguir.

PARTE I

O racismo científico que nos domina até hoje

1. TRAVESTINDO O RACISMO COM O FALSO MORALISMO
Sérgio Buarque: o filósofo do liberalismo racista e elitista brasileiro

Em um país que confunde o tempo todo a esfera pessoal da personalidade e a esfera impessoal das ideias, e imagina que criticar as ideias de alguém significa atacar a pessoa, é necessário, antes de tudo, mostrar o erro trágico de tal confusão. Eu não tenho dúvidas de que o homem Sérgio Buarque tenha sido uma grande figura humana, bom pai e grande amigo e até um sujeito engajado nas lutas importantes de seu tempo. O fato é que as suas ideias e, muito especialmente, o uso social e político de suas ideias, não são uma questão pessoal nem individual. São ideias que, anos depois, influenciariam quem vai ter ou não futuro, saúde, educação, ou direito a participar da vida social com igualdade, como veremos. Quando eu estudo a obra de um pensador, considero tão somente a "eficácia social das ideias" e nunca sua vida pessoal.

É incrível que a maior parte das críticas que recebi, inclusive de pessoas inteligentes, pela minha crítica a Sérgio Buarque formulada em *A tolice da inteligência brasileira*, tenha sido dirigida precisamente ao fato de eu ter "pegado tão pesado" com um cara "tão legal" como ele. A meu ver, isso explica boa parte do atraso brasileiro na esfera do pensamento e da reflexão pública e, por consequência, o atraso do debate público brasileiro como um todo. Sem a crítica das ideias que as legitima em última instância, é impossível exercer uma crítica das práticas sociais injustas. Como veremos logo mais, a eficácia social das ideias de Buarque — e não tem a menor importância se ele tinha ou não a intenção — criou um consenso hegemônico que abrange quase toda a direita e quase toda a esquerda do espectro político, com consequências desastrosas para a maioria do povo brasileiro. A continuidade deste estado de coisas e a necessidade imperiosa de mudança são o único ponto que interessa — e deveria interessar — a todos.

Não se compreende Sérgio Buarque sem que se perceba que ele era uma espécie de "filho bastardo" de Gilberto Freyre. Um filho que admira e imita o pai em tudo o que é essencial, mas, também ressentido, marcado por conflitos como os que existem entre pais e filhos, sejam eles carnais ou espirituais, pretende ser seu exato "oposto". Sua iniciativa tornou-se a "verdade" acadêmica e política do Brasil de hoje. Buarque é respeitado pelos partidos da direita à esquerda e é atualmente uma "vaca sagrada" na academia, acima da crítica e para além do bem e do mal. Seu "pai espiritual", a quem ele deve todos os pressupostos de seu pensamento, uma figura politicamente controversa, mas, intelectualmente, muito mais original e vigorosa que o "filho", desfruta no máximo de uma pequena fração de seu prestígio. Isso comprova a força dos interesses que Buarque permite exprimir e defender.

Mas o que o "filho" Sérgio deve ao "pai" Gilberto? Como todo bom filho Sérgio Buarque deve a Gilberto Freyre os pressupostos fundamentais de seu pensamento e de sua visão de mundo. É importante perceber que as bases do "culturalismo brasileiro" hegemônico, e que criticaremos neste livro, não existiam antes de Freyre. Se a ideia da mestiçagem como ideia-força é tão antiga quanto o patriarca José Bonifácio, foi apenas Freyre que a sistematizou de um modo convincente de maneira a ganhar os corações e as mentes dos brasileiros de Norte a Sul. Freyre criou, como vimos, a imagem do "bom mestiço", invertendo a imagem que então dominava o Brasil de que o brasileiro, bem no sentido de Gobineau, era a "lata de lixo" da história.

Antes de Freyre, todos os grandes intelectuais brasileiros, sem exceção que seja de meu conhecimento, encampavam a ideia de Gobineau de que o Brasil era um país "racialmente doente" e condenado ao fracasso se não embranquecesse seu povo com europeus dispostos à mestiçagem.[1] O povo, mestiço e negro, era, portanto, percebido como a causa do atraso brasileiro. O ambiente intelectual no Brasil refletia as ideias dominantes do "racismo científico" internacional. Gilberto Freyre, como vimos, se aproveita do encontro com Franz Boas nos Estados Unidos, um arauto do culturalismo antirracista, e adapta suas ideias ao contexto brasileiro.

Faltou a Freyre, no entanto, perceber que a superação do racismo científico pelo culturalismo exigiria uma crítica dos pressupostos do próprio culturalismo. Afinal, substituir o branco pelo protestante como modelo, ou seja, simplesmente substituir a noção de "estoque racial" pela de "estoque cultural", não significa superar o racismo. Ao contrário, significa torná-lo mais eficaz, posto que mais invisível e mais sutil. Também falaremos mais sobre isso neste livro.

Ainda que Freyre não tivesse realizado este trabalho, ele luta com as armas que tinha para reabilitar o povo mestiço e negro e retirá-lo da lata de lixo da história. Assim, sem criticar os pressupostos pré-reflexivos e "inconscientes" da hierarquia moral do Ocidente, que liga toda virtude ao "espírito" e todo pecado e toda inferioridade ao "corpo", Freyre luta bravamente, ainda que dentro do terreno demarcado pelo inimigo, para redimir o povo mestiço e negro. Assim, sem questionar o ponto de partida que identifica o branco e o protestante como representantes do "espírito", ou seja, de toda inteligência, honestidade e beleza, e a imagem do brasileiro mestiço como seu contrário, ou seja, da burrice, da corrupção e da feiura, Freyre logra construir a figura do "bom mestiço".

---

[1] Ver Jessé Souza, *Como o racismo criou o Brasil*, Rio de Janeiro, Estação Brasil, 2021.

Para isso ele se aproveita das contradições da repressão do corpo e da suposta frieza do espírito para construir, em um campo minado por preconceitos, uma ideia do povo brasileiro, ou seja, o mestiço, como representante do corpo não reprimido, exuberante, sexualizado, aberto ao estrangeiro, celebrador do gozo e da vida, hospitaleiro e caloroso. A primeira imagem positiva, ainda que apenas ambiguamente positiva, que o povo brasileiro vai ter na história. Darcy Ribeiro se tornaria o principal continuador da saga freyriana, uma espécie de Gilberto Freyre de esquerda.

Essa ideia do "bom mestiço" cai como uma luva aos interesses de inclusão popular de Getúlio Vargas. Para a construção de uma nação industrial, moderna e inclusiva, é necessário se redimir a imagem racista e depreciativa que pairava sobre o povo brasileiro. Com base nas ideias de Freyre, Vargas lança a primeira e única revolução cultural e antirracista que o Brasil teve na sua história. A Lei dos 2/3 surge para garantir emprego ao povo mestiço e negro contra a concorrência do imigrante branco, que monopolizava todas as chances na nascente indústria e no comércio. E a origem afro da cultura brasileira, antes perseguida e motivo de vergonha, se torna motivo de celebração e orgulho. Samba e futebol, o futebol dos novos ídolos negros, se tornam fontes de identificação nacional positiva.

Esse ponto é fundamental. O Brasil que se pretendia criar então era uma nação nova e pujante, emulando as diversas iniciativas que pululavam, ao redor do globo, nos países periféricos mais importantes como, além do Brasil, Turquia, México e Argentina. Em um contexto no qual a Inglaterra perdia influência e prestígio e entrava em decadência, mas os Estados Unidos ainda não tinham maturidade para desempenhar as novas funções imperialistas de comando do globo, o desenvolvimento social e econômico de vários países da periferia do capitalismo era percebido como possível. Esse quadro mudaria completamente depois da Segunda Guerra Mundial, com consequências trágicas para Getúlio e para seu sonho de um Brasil grande, quando os Estados Unidos aparecem como nova potência imperial inconteste.

Mas como o imperialismo moderno não é uma simples oposição entre países, como, por exemplo, Brasil e Estados Unidos, mas sim uma articulação econômica, política e cultural entre as elites domésticas dos países periféricos e as elites mundiais, agora comandada pela elite americana, a elite brasileira já cuidava de construir uma oposição política e cultural doméstica contra Getúlio. É aqui que entra Sérgio Buarque e seu inegável talento. Ele vai de certa maneira virar Freyre de cabeça para baixo como Marx fez com Hegel. Ou seja, ele vai manter de Freyre toda a sua concepção culturalista do mundo e do Brasil, no entanto, invertendo os seus sinais.

Se Freyre havia tentado transmutar o sentido negativo dos valores "dominados" do corpo, como diria Pierre Bourdieu, que celebramos na "brasilidade", como o calor humano, a sensualidade, a hospitalidade etc., em alguma forma de positividade, ainda que ambígua, Buarque vai se livrar de qualquer conotação positiva ao povo brasileiro. Vimos que Freyre inventa literalmente a "pré-modernidade" como virtude, ainda que ambígua, e permite, com isso, o nascimento do "orgulho brasileiro". Ao construir e sistematizar a autoimagem "pré-moderna" do Brasil moderno, Freyre confere contornos finais à tese da "singularidade cultural brasileira". Essa singularidade passa a ser percebida por ele, e depois por muitos outros, como uma "singularidade tendencialmente absoluta", como se aqui tivesse se produzido, para o bem e para o mal, uma experiência humana singular da vida social neste planeta.

Não existe nenhum grande problema nessa saga nacional. Isso aconteceu em outros lugares de modo muito semelhante e o "mito nacional" não se reduz ao seu "valor como verdade". Ao contrário, fundamental é seu papel de produtor de solidariedades que permite sociedades concretas enfrentarem conflitos armados, crises e até guerras civis sem se destruir como nação e até saírem fortificadas desses desastres. A virtude da identidade nacional é, portanto, "pragmática". Ela serve a uma função fundamental como "conto de fadas para adultos", cumprindo um papel semelhante ao das antigas religiões mundiais na função de explicar, para o público leigo, o mundo social e o que estamos fazendo aqui. Vimos, também, que Vargas soube aproveitar essa nova leitura para justificar uma sociedade mais inclusiva e popular.

Problemático mesmo é quando o "mito nacional", como ocorre no caso brasileiro, precisamente por conta da releitura buarquiana, passa a ser a base de uma concepção desprezível e negativa do seu próprio povo como se fosse uma leitura científica da sociedade como um todo. Nesse caso, o que ocorre inevitavelmente é a colonização do interesse na procura da verdade pelo interesse pragmático e político de quem lucra com a humilhação de seu próprio povo. Nesse sentido, não há como se retirar a releitura de Buarque de seu imediato contexto histórico. O livro é publicado em 1936 em pleno contexto varguista. Sua condenação do "brasileiro", como homem cordial, em que há apenas defeito e negatividade, se junta aqui à demonização da política e do Estado, ou seja, o lugar onde estava Vargas. É muito significativo que o homem cordial, afetivo e corrupto, vai estar ligado, na dimensão institucional, ao Estado dito "patrimonial" também movido por afetos pessoais e, portanto, corrupto. A correlação entre "homem cordial" e "Estado patrimonial" é perfeita. Comecemos primeiro com o "homem cordial".

O fundamento implícito de todo o raciocínio de Buarque no seu livro principal é a oposição entre duas abstrações: o "homem cordial", como tipo genérico brasileiro; e o "protestante ascético", como o seu contraponto americano. O homem cordial é simplesmente o corolário do novo mito nacional negativo que deve substituir a positividade varguista e freyriana: um indivíduo emotivo que guia suas escolhas por preferências afetivas e pessoais. O protestante ascético é percebido como o seu contrário especular: um indivíduo "racional", apenas positivo e sem contradições, guiado por elevadas considerações impessoais e comunitárias.

Ainda que Freyre também tenha sido emulado pelo exemplo do americano, essa relação nele é eivada de ambiguidade, como vimos. A ambiguidade é nele constitutiva, posto que sem isso não seria possível nenhuma associação (ainda que ambiguamente) virtuosa à figura do brasileiro. Associação esta necessária, como vimos, ao sucesso de qualquer mito nacional. Buarque não discute os pressupostos não científicos do mito freyriano e apenas inverte seu sentido. Afinal, é a noção freyriana da "plasticidade" luso-brasileira, como ele constrói em *Casa-grande & senzala*,[2] que está por trás da noção de homem cordial e de seu "personalismo" peculiar. Mas, agora, se o homem cordial era (ambiguamente) positivo em Freyre, ele é abertamente negativo em Buarque. A sua mera inversão não o torna cientificamente melhor. Ele apenas serve a outros fins.

Senão, vejamos. O homem cordial não tem classe social mesmo em um país tão desigual como o Brasil sempre foi. Ou seja, desde o início essa noção esconde conflitos sociais de toda espécie e cria um ser "genérico" que existe unicamente para ser contraposto ao "protestante ascético" como suposto símbolo também genérico da cultura americana. Essa contraposição indica um caminho ao Brasil: o do afeto e da emotividade pré-moderna em direção ao mundo da racionalidade distanciada da impessoalidade protestante. A política preside aqui e determina o uso de todas as categorias pseudocientíficas. É interessante notar que isso leva a uma leitura enviesada e superficial do próprio Max Weber, que, como vimos, é de quem se retira a validade e o prestígio dessa leitura liberal apologética.

Nessa leitura o americano seria o campeão da democracia e da eficiência econômica por razões "culturais" e, portanto, por "superioridade moral" de sua "cultura". Uma cultura da autorresponsabilidade, da impessoalidade, da racionalidade e da solidariedade horizontal. Esse é um engano comum a todas as leituras culturalistas de Weber. Enquanto Weber falava do protestantismo como construtor das condições ideacionais para a "gênese" do capitalismo, seus epígonos culturalistas usam

---

2 Gilberto Freyre, *Casa-grande & senzala*, Rio de Janeiro, Record, 1991.

os mesmos argumentos para legitimar a "reprodução e expansão" do capitalismo para o globo. As questões são, no entanto, completamente diferentes. Afinal, o protestante real que existia na sociedade agrária americana do século XVIII é muito diferente do consumidor hedonista em uma sociedade industrial avançada como a sociedade americana atual. Apesar de óbvia, essa diferença fundamental nunca é percebida pelos culturalistas apologéticos do protestantismo.

O próprio Weber, contudo, percebia isso muito bem. Seu texto sobre as seitas protestantes americanas, no contexto já industrial do começo do século XX, mostra como a "correção moral" protestante, já nessa época, tinha muito mais de hipocrisia do que realidade.[3] Sua análise do capitalismo constituído — muito distinta de sua análise da gênese do capitalismo — intuía o amesquinhamento do arrogante protestante, que se imagina materializando o ápice da existência humana — precisamente como se imagina muito especialmente o americano de hoje — quando, na verdade, é assolado por uma vida medíocre. Medíocre é o "especialista sem espírito" de hoje cujo conhecimento localizado não abrange nem compreende o contexto maior de sua própria ação; medíocre também é o "sensualista sem coração", preso a pequenos prazeres e aos ditames de uma indústria de consumo que lhe diz o que sentir e o que querer. O "culturalismo", pretensamente weberiano, esquece o principal de Weber que é a percepção aguda de quão profundamente o horizonte institucional — completamente distinto hoje do que era no contexto do protestantismo pré-capitalista analisado por Weber — molda e conforma a ação humana individual.

Buarque está, portanto, confrontando duas abstrações com pouco ou nenhum ancoramento na realidade concreta: "homem cordial" e "protestante ascético" são maneiras simplistas e superficiais de não fazer

---

[3] Max Weber, *Die protestantische Sekten und der Geist des Kapitalismus*, Munique, C.H. Beck, 2011.

o trabalho do sociólogo, que é reconstruir as precondições militares, políticas, econômicas, tecnológicas e também culturais (sem idealizações que não se aplicam à realidade) das relações desiguais entre classes e entre sociedades. Em grande medida, pelo menos, apenas para citar um exemplo, o sucesso na reprodução do capitalismo desigual depende direta ou indiretamente de fatos concretos como a força militar, como da marinha inglesa no século XIX e do aparato militar e tecnológico americano hoje em dia. Os supostos "estoques culturais" servem para esconder e legitimar esses poderes fáticos.

Transformar essa questão múltipla e complexa em um dado "cultural" prévio é ao mesmo tempo esconder e legitimar o "dado", o que "existe", como se fosse "merecimento" por razões atávicas e históricas que perderam a validade no novo contexto. Na verdade, esse "culturalismo", como explicitamos na introdução, é uma forma velada — e, portanto, especialmente perigosa — de "racismo". A única diferença essencial do "racismo culturalista" com relação ao "racismo de cor", como "explicação" para as hierarquias fáticas do mundo, é a ideia de que há certo "estoque cultural" como a suposta herança protestante, e nisso reside a causa (e a legitimação) da desigualdade entre indivíduos e nações.

Toda violência simbólica e toda "ideologia" que legitima a desigualdade fática como se fosse merecida, como a do "protestante ascético" racional e democrático, oposta ao "homem cordial", irracional e familista, necessita que o oprimido pela violência aceite as alcunhas como legítimas. Buarque é o grande criador de uma tradição brasileira "colonizada até o osso" que vai, com as armas da má sociologia que aparentemente "explica" o mundo de modo tão simples e irrefutável, comparar África e Europa para perceber como os brancos eram superiores aos negros. Como o racismo aberto se tornou crescentemente inviável, o seu substituto é aparentemente mais meritocrático: uma tradição religiosa incorporada como conduta de ação. O prestígio de Weber é utilizado de modo não weberiano: ou seja, desconsidera-se o fato de que as novas condições institucionais, como o próprio Weber muitas vezes repetiu, transformam o protestante em um utilitarista e, depois, em um hedonista do consumo que perde qualquer referência moral de sua ação.

Se o conto de fadas da oposição "protestante" versus "cordialidade" não resiste a uma análise fria, seu efeito de aparente explicação se mantém, no entanto, inalterado. Primeiro, como todo racismo, ele "explica", de modo aparentemente evidente, um mundo complexo de difícil apreensão. Possibilita atender as exigentes demandas de compreensão e explicação do mundo sem grande esforço da inteligência. Depois, no caso brasileiro, o conto de fadas vai ajudar a indicar o caminho político do liberalismo que é, na verdade, a real causa de seu sucesso. Afinal, as ideias só adquirem "força prática" na realidade se estiverem ligadas a certos "interesses" especialmente econômicos e políticos. E é precisamente o que explica o caso de extraordinário sucesso do nosso "racismo culturalista" como fundamento da ideologia liberal e racista brasileira.

Mas a verdadeira cereja do bolo do liberalismo conservador brasileiro é uma invenção de Buarque que, dessa vez, nada deve a Gilberto Freyre: a materialização institucional do homem cordial na noção de "patrimonialismo". Essa é a outra noção fundamental do livro de Buarque destinada a uma história de glória, primeiro nas ciências sociais, e depois na esfera pública política, abrangendo tanto a "direita" quanto a "esquerda". É que Buarque reinterpreta o "personalismo" freyriano, ou seja, a noção do brasileiro como um homem emotivo guiado por preferências sentimentais, em "patrimonialismo". Nesta noção, o Estado e seus agentes passam a agir como age o homem cordial na vida cotidiana: dando tudo aos amigos e reservando aos inimigos a letra dura da lei. Isso tudo sob a condição de que haveria um lugar no mundo onde os "privilégios", produto do acesso a relações de influência e prestígio familiares e pessoais, não existem. A imagem idealizada dos Estados Unidos como terra da justiça social, da meritocracia e da igualdade de oportunidades é o pano de fundo de, literalmente, todas as ideias-força dos liberais brasileiros.

Mas o patrimonialismo não é apenas a espada envenenada do inimigo colonizador enfiada em si mesmo. É a base para um tipo de liberalismo que vai perceber o mercado capitalista como espaço de virtudes contraposto ao Estado prenhe de vícios. A elite paulista que havia perdido o controle do Estado para Getúlio Vargas, em 1930, encontra em Buarque seu intelectual orgânico mais leal e mais capaz. O esquema da República Velha, que se vendeu como democracia e constitucionalismo na revolta elitista de 1932, estava baseado na posse do Estado e do orçamento público para os interesses da elite econômica que o controlava e na consequente aversão a qualquer soberania popular que perturbasse este esquema.

Nas eleições da República Velha, menos de 5% da população tinha direito a voto. Que ideia poderia ser mais bem-vinda a essa elite que uma interpretação a qual, além de criminalizar o Estado, servisse para estigmatizar também, por um esquema de derivação inevitável, a soberania popular? Uma interpretação que percebesse o Estado — então controlado por Getúlio Vargas — a fonte de todo mal e o símbolo de todo atraso? Além disso, criasse a ideia de que a política, e não os proprietários do mercado, fosse sempre suspeita de estar agindo em nome de interesses privados? Se você fosse um grande proprietário do mercado, caro leitor e cara leitora, acostumado a usar o Estado para seu uso privado e nunca quisesse que a "gentinha" do povo prejudicasse sua mamata, que ideia poderia melhor servir seus interesses que esta? Pois é, difícil pensar em coisa melhor não é mesmo? A sua própria roubalheira — via isenções fiscais, financiamentos privilegiados, sonegação de impostos, falcatruas privadas transformadas em "dívida pública" — fica, a partir daí, literalmente invisível, posto que ladrão é, por definição, sempre e somente o Estado e a política.

A ideia do "patrimonialismo" do Estado como a fonte de todo o problema nacional permite que se construa o "bode expiatório perfeito" para uma elite do saque e da rapina dos recursos públicos, como sempre foi a elite brasileira desde a República Velha. É isso que esclarece que essa interpretação desde então tenha sido repetida em todas as universidades e alardeada por toda a imprensa. Sempre que o Estado está nas mãos de representantes de interesses populares, ou quando não está a serviço da rapina de curto prazo da elite, então ele pode ser acusado pela imprensa dessa mesma elite de "corrupção", já que, na cabeça de todos os brasileiros, a ideia foi plantada e vem sendo repetida há cem anos.

O mercado por definição só faz "negócios", além de ser empreendedor, trabalhador e criador de empregos. Que mal pode haver nisso, não é mesmo? Já o Estado e a política passam a não ser confiáveis enquanto tais. Como o Estado é a única constelação de interesses forte o bastante para se contrapor à força dos proprietários que mandam no mercado, criminalizá-lo como o grande problema nacional equivale a dotar essa elite de poder de veto acerca de quem pode ou não ocupar o poder de Estado. Os interesses populares a partir de então serão tão suspeitos como o patrimonialismo. Quem os defender terá que lidar, mais cedo ou mais tarde, com uma campanha orquestrada sob o pretexto da defesa da "moralidade pública".

Do mesmo modo que a oposição a Getúlio Vargas havia se vendido como defesa da democracia e da Constituição, ainda que representassem 2% da sociedade. Essa falsa contraposição entre mercado virtuoso e Estado corrupto servirá como mote perfeito para a elite econômica dominante capturar o Estado apenas para si e usá-lo como seu banco particular. A República Velha poderá reproduzir sua sanha antipopular e elitista, agora, graças às ideias de Buarque, sob o pretexto de alta moralidade. Sérgio Buarque é — intencionalmente ou não, isso não faz a menor diferença — o intelectual orgânico perfeito desse esquema de poder.

Posteriormente se construirá o mote do "populismo" para aprofundar o ódio ao pobre e enfraquecer a reação popular. O pobre, o negro, o nordestino, será suspeito por não saber escolher seus líderes. A partir daí estes serão também chamados de "populistas", ou seja, enganadores e aproveitadores da pressuposta ingenuidade do povo. Personalismo, patrimonialismo e a pecha de populismo são as armas da elite para condenar seu povo à miséria eterna.

Ainda que Buarque não tenha construído o conceito de populismo do modo pejorativo como ele seria aplicado, por quase todos, à realidade brasileira, a articulação dos conceitos de "homem cordial" e "Estado patrimonial" já o prenuncia perfeitamente. É que, na realidade, "cordial" era apenas o povo mestiço, pobre e negro. Nos mesmos anos 1920 e 1930 na São Paulo de Buarque, temos ideias concomitantes que interpretavam a elite paulista e os brancos "neobrasileiros" recém-imigrados da Europa, de maneira completamente diferente do "povinho cordial". Os brancos importados já se viam como europeus pela própria origem recente. A elite se via como uma derivação do "protestante ascético" mítico americano.

Corria solta, então, uma "interpretação selvagem" do bandeirante, caçador de índios, como uma espécie de "equivalente funcional" de todas as maravilhas associadas ao mítico protestante ascético americano. Isso teria construído uma "singularidade cultural" para o estado de São Paulo no contexto brasileiro. Um estado empreendedor e único por força de sua tradição bandeirante que o teria transformado em uma espécie de "Massachusetts tropical".[4] O próprio Buarque iria contribuir com seus estudos históricos à construção desta suposta singularidade.[5]

Note bem, caro leitor e cara leitora. A concepção negativa de corrupto e inferior do "homem cordial" passa a valer apenas para o povo, negro, mestiço e pobre. A classe média branca importada de além-mar já se via como "europeia" e superior ao povo. A elite é, a bem dizer,

---

4 Nessa fantasia, a São Paulo do bandeirante aventureiro seria uma espécie de reedição do estado de Massachusetts nos Estados Unidos, que foi o pioneiro na disseminação de seitas protestantes ascéticas para a colonização americana.

5 Ver Robert Wegner, *A conquista do Oeste*, Belo Horizonte, Editora UFMG, 2000.

agora, quase "americana", dada a interpretação do bandeirante como equivalente funcional do protestante, especialmente pela elite paulista. Assim, o racismo cultural da nova potência imperial é não apenas assimilado e aceito como se verdade fosse, mas também passa a ser a própria legitimação da elite periférica no horizonte doméstico. A elite nacional vai assumir os mesmos preconceitos do dominador global, para utilizá-los como arma envenenada pela imprensa, pelas escolas e universidades, contra o próprio povo.

Alguns poucos, como Vianna Moog, percebiam o ridículo da coisa toda.[6] Mas a imensa maioria aceitou a palhaçada pseudocientífica de bom grado. Até o final do século XX, autores sérios, como Simon Schwartzman, ainda batiam nesta tecla.[7] Não à toa, ela se tornou a autoimagem da elite paulista na sua pretensão de modernidade e "americanismo" no Brasil. A ideia de "sãopaulizar" o Brasil, ou seja, ampliar a área de influência da elite paulista para todo território nacional, não só na esfera econômica, mas também nas esferas política e cultural, se realiza nos anos 1990 com o governo de Fernando Henrique Cardoso (FHC). A propaganda de modernizar os grotões e o coronelismo nordestino, além de reformar o "Estado patrimonial", dois pilares do governo FHC, se enquadra nessa autoimagem que a elite paulista tem de si mesma.

Se colocamos a discussão no seu contexto histórico original dos anos 1930, temos a ideia total do ovo da serpente que estava se formando aqui. Como a intervenção de Vargas e Freyre implicava um ataque frontal ao racismo racial explícito que comandava a política brasileira até 1930, sua "revolução cultural", além da revolução econômica sob a batuta do Estado interventor, equivalia a uma inédita afirmação popular e uma construção da identidade nacional brasileira a partir da origem

---

6 Ver Vianna Moog, *Bandeirantes e pioneiros*, Rio de Janeiro, José Olympio, 2011.
7 Simon Schwartzman, *São Paulo e o Estado Nacional*, Rio de Janeiro, Difel, 1982.

afro. Pela primeira vez, o antielitismo e o antirracismo estavam no poder no Brasil. Sem dúvida o sucesso desse antirracismo foi limitado. Não se logrou construir nenhuma "democracia racial" entre nós.

No entanto, se logrou interditar o racismo explícito e aberto reinante no Brasil até 1930, que havia resultado na política de importação de 5 milhões de europeus para "embranquecer" o país, além da marginalização concomitante dos ex-escravos deixados à própria sorte, no caso, ao próprio azar. Ao se interditar o racismo explícito, isso não significa obviamente que o "afeto racista" tenha desaparecido. Ao contrário, vai continuar lá, esperando para ser mobilizado, agora, por substitutos do "racismo científico", que possam produzir, não obstante, os mesmos efeitos. Ou seja, depois da interdição do racismo explícito por Vargas, a nova ideologia da elite teria que assumir outro discurso, não diretamente racial, mas que pudesse reproduzir precisamente os mesmos efeitos de distinção para os privilegiados — e de humilhação e legitimação da desigualdade para os pobres — que o racismo aberto antes permitia.

Ora, cara leitora e caro leitor, reflitamos por nós mesmos, com nossa própria cabeça, por um segundo. Vimos que a classe média branca, importada da Europa, e a elite, que se intitulava "americana" e empreendedora, não se viam participando do mesmo mundo nem da mesma tradição que o povo. O que seria, nesse contexto, a pecha de "homem cordial", inferior, corrupto, pré-moderno, infantilizado e animalizado, mestiço e negro, senão a mais perfeita reedição do racismo explícito dominante antes de Vargas e seu esforço de renovação cultural? Só que, agora, nem sequer é mencionada a palavra "raça" — que havia perdido prestígio —; em seu lugar, são usados precisamente os mesmos atributos, como a falta de inteligência e moralidade, antes ditos sobre os negros e mestiços "sem alma e sem espírito". Na verdade, o racismo fica muito pior, posto que, vejam vocês, é encoberto perfeitamente por uma pátina dourada: a da moralidade!

Assim, os racistas da classe média branca e da elite de proprietários passam a exercer sua humilhação diária e seu poder de mando e saque da riqueza comum em nome da "moralidade pública" e do "combate à corrupção". Como principal dimensão do "espírito", a moralidade e a honestidade passam a ser o apanágio dos brancos e dos ricos, legitimando, assim, como "superioridade natural" todos os privilégios injustos. Como a "raça", a falha moral é percebida como "dado natural", já que a "cultura" é percebida de maneira tão imutável como a cor ou o fenótipo. Se antes o povo era percebido como "lixo da história" pela cor negra e mestiça, agora o seria por uma patologia cultural atávica, a desonestidade é percebida supostamente como uma qualidade intrínseca do povo brasileiro, mestiço, negro, nascido cordial e corrupto.

Qual ideia seria melhor do que esta para garantir o orçamento público e o poder de Estado apenas para a elite e os privilégios educacionais, que permitem os melhores empregos e salários, apenas à classe média branca? Tudo isso, cereja do bolo, sem sequer mencionar a palavra "raça"? Mais ainda, cara leitora e caro leitor: se o povo é corrupto e tem essa estranha mania de eleger políticos também corruptos, então o próprio voto e a própria soberania popular passam a estar moralmente comprometidos e constantemente sob suspeita, criando a justificativa perfeita para a cultura de golpes de Estado que vai se desenvolver no Brasil a partir de então. Como nos casos de Getúlio Vargas, Jango, Lula e Dilma, não é preciso comprovar, inclusive, nenhum deslize. Basta a acusação ser repetida mil vezes pela mídia, propriedade privada desta mesma elite. Como o grande inimigo da elite do saque é o voto e a participação popular, a criminalização do povo e do seu voto é a arma mais importante para a justificação da privatização sem peias da riqueza de todos.

Todo o inegável talento de Buarque foi utilizado para que essa transmutação do discurso elitista dominante fosse possível. Transmutar racismo explícito e racial em racismo cultural é simplesmente trocar seis por meia dúzia, com a vantagem, do ponto de vista de quem oprime, de que a humilhação ainda passa a ser exercida de boa consciência pela transmutação do racismo em moralismo. Simplesmente, o que era canalhice racista óbvia se torna agora virtude moral. A alquimia de Buarque permite literalmente transformar fezes em ouro. Como vimos anteriormente, a gramática moral implícita no Ocidente opõe as noções de espírito — inteligência, moralidade no sentido de honestidade e capacidade estética — que nos liga a tudo que é divino e superior, à ideia de corpo, percebido como domínio das pulsões e dos afetos que, por sua vez, diz respeito à animalidade e a tudo que é inferior. A engenhosa construção de Buarque permitiu a animalização do povo brasileiro por razões, agora, supostamente "culturais".

O interessante é que passa também a existir uma comunhão entre o discurso da elite imperialista mundial, como construído por Talcott Parsons, também se utilizando das mesmas ideias de uma suposta cultura do "protestante ascético mítico", com o discurso das elites colonizadas, como a brasileira, que se vê incorporando o mesmo espírito. Assim, da mesma maneira que a parte Sul do planeta passa a ser percebida como inferior e animalizada, de modo a justificar o saque de suas riquezas pelo Norte global, também o povo brasileiro vai ser percebido como inferior e animalizado de modo a legitimar o saque de seu trabalho e das riquezas comuns por um punhado de aves de rapina de sua própria elite.

O toque de modernidade e o charme de primeiro mundo das ideias de Buarque possibilitaram e enobreceram a dominação mais cruel, a continuidade dos privilégios mais injustos e o saque mais desavergonhado do trabalho e das riquezas coletivas. Sem que se perceba que as ideias são as armas mais importantes de qualquer dominação fática, não compreendemos nada de importante no mundo social. Toda dominação precisa ser justificada para ser, como vimos, exercida sem culpa por quem domina e aceita pelos dominados que têm que ser convencidos de sua inferioridade. O "homem cordial", corrupto e inconfiável, identificado ao povo brasileiro, mestiço e negro, vai ser a ideia-força mais importante do Brasil moderno. A isso se junta a noção correlata de Estado patrimonial e corrupto para estigmatizar no seu nascedouro a ação do Estado regulador, e, de lambuja, a criminalização da política e da participação popular.

Essa ideia será aceita pela grande maioria dos intelectuais brasileiros desde então como a interpretação oficial do Brasil moderno. O fato de Buarque ter sido tão severo no seu julgamento popular — e isso seria risível se não fosse trágico — foi percebido por 100% dos seus críticos como sinal insofismável de sua verve crítica e de seu corajoso compromisso com a verdade, doa a quem doer. Precisamente, o fato de o "homem cordial" não ter nenhuma virtude e ser inteiramente defeituoso foi percebido por todos como prova irrefutável de que Buarque seria o pai da verdadeira ciência engajada e crítica no Brasil. Este é o solo, cara leitora e caro leitor, onde se movem as interpretações consideradas as mais críticas, mais talentosas e mais verdadeiras do Brasil há cem anos. Todos as grandes figuras do pensamento social brasileiro seguirão Buarque no essencial, quando muito complementando e acrescentando aspectos à mesma melodia.

Todas as escolas, todas as universidades, todo o bombardeio diário da imprensa elitista, TVs, jornais de todos os estados, revistas semanais, 90% do que se produz no cinema, no teatro, em toda a indústria do entretenimento, todas as conversas de boteco do país, de Norte a Sul, reproduzem o discurso do homem cordial, um racismo mascarado e repaginado, e do Estado corrupto e patrimonial servindo como "bode expiatório" perfeito para esconder o saque de uma elite da rapina e de uma classe média que usa a máscara do falso moralismo para eternizar seus privilégios. Essa é a ideia-guia, mãe de todas as outras, a interpretação oficial do Brasil, ungida pela "ciência" e tornada segunda pele indiscutível de todo brasileiro. A seguir, examinaremos duas outras grandes figuras do pensamento brasileiro que seguem Buarque, dentre tantas possíveis. Nossa proposta aqui, no *Brasil dos humilhados*, é denunciar o quanto fomos e somos ainda envenenados por ideias que servem apenas para nos oprimir e humilhar.

2. OS FALSOS DONOS DO PODER
Raymundo Faoro e a criminalização do Estado

A partir da obra de Sérgio Buarque, temos a possibilidade de articular, de modo convincente, uma concepção de mundo no fundo (mascaradamente) racista e legitimadora da desigualdade que aparenta ser uma visão crítica do Brasil. Essa foi a principal contribuição — se foi intencional ou não, não tem aqui qualquer importância — do gênio de Sérgio Buarque à inteligência brasileira. A prova da enorme influência dessa ideia tanto na vida intelectual quanto concreta e prática da sociedade brasileira pode ser vista e comprovada na obra dos mais respeitados e influentes pensadores brasileiros a partir de então. Como as ideias influentes de uma sociedade não ficam nos livros, mas ganham as salas de aula de escolas e universidades, inspiram programas de governo, dão mote para artigos dos jornais, estimulam o que é dito nas TVs e o que é discutido em todas as conversas entre amigos nos botequins país afora, então estamos lidando com a forma como toda uma sociedade se percebe e age. Isso não é pouco. Afinal, toda decisão prática e concreta, em qualquer área da vida, é motivada por uma ideia, ainda que, normalmente, se mantenha implícita e não articulada.

O que queremos neste livro é precisamente articular as ideias-força, ou seja, as ideias que influenciam a vida prática das pessoas comuns na sociedade brasileira contemporânea. A "sacada genial" de Buarque de construir uma visão de mundo que repagina e mascara o velho racismo brasileiro sob uma roupagem culturalista/moralista, mantendo a aparência e o "charme" de uma suposta crítica social, é a ideia-força mais importante para a compreensão da manutenção da desigualdade e da injustiça social no país. Afinal, a injustiça flagrante dos privilégios que se tornam permanentes tem que ser, na sociedade capitalista que "diz" ter acabado com todos os privilégios de nascimento, "legitimada", ou seja, tem que "parecer justa" para que possa se reproduzir.

Essa legitimação tem de esconder o mundo social injusto como ele é e, se possível, ainda "deslocar a atenção" para aspectos falsamente importantes — ou, pelo menos, com importância secundária em relação às questões mais importantes. Assim, essa justificação de interesses elitistas tem que aparentar ser uma percepção realista do mundo social ao mesmo tempo que se esconde o essencial e se enfatiza o secundário. A forma mais importante de como, na sociedade brasileira, o essencial é reprimido em nome da ênfase no acessório reside na repressão dos conflitos de classe: 1) culpando a própria vítima pela pobreza, utilizando argumentos racistas ou meritocráticos e 2) invertendo as questões principais, por exemplo, tornando invisível o roubo elitista e criando o "bode expiatório" da corrupção endêmica apenas do Estado.

Raymundo Faoro vai criar a narrativa histórica mais influente e prestigiosa para culpar unilateralmente a política e o Estado — e consequentemente a própria soberania popular —, além de tornar invisível a corrupção da elite do mercado. Como esse deslocamento é, a meu ver, objetivamente falso, então é possível demonstrá-lo, com as armas da argumentação científica, para qualquer leitor e leitora de boa vontade — ou seja, para quem ama a verdade — de modo irrefutável. Este é o nosso desafio a seguir na análise da categoria de "patrimonialismo" como a noção central da interpretação do Brasil hoje, posto que explica a corrupção política como causa maior de nosso atraso, tornando a desigualdade social e o racismo invisíveis ou secundarizados.

Se Buarque é o "filósofo" do liberalismo conservador e racista brasileiro, ao construir o esquema teórico que traveste o racismo em falso moralismo, Raimundo Faoro é seu "historiador" oficial. É Faoro, afinal, quem cria a "narrativa" histórica de longa duração, desde o início do Estado português unitário e sua suposta transposição para o Brasil. Sua inegável erudição cria um "efeito de convencimento" que foi capaz de ganhar não apenas o coração dos leigos, mas da imensa maioria dos intelectuais e homens de letras do Brasil contemporâneo. Devido à importância de sua visão, não superada até hoje, vamos reproduzir e criticar em detalhe seus argumentos tentando, como sempre, ser claros o bastante para que qualquer leitor de boa vontade, mesmo sem ser treinado em ciências sociais, possa compreender. Como estou convencido de que a linguagem obscura, pretensamente técnica e difícil, é um artifício de poder e manipulação, se eu não conseguir ser acessível, a culpa é toda minha.

A tese do livro de Faoro é clara desde o início: sua tarefa é demonstrar o caráter *patrimonialista* do Estado e, por extensão, de toda a sociedade brasileira. Esse caráter patrimonialista responderia, em última instância, pela substância intrinsecamente não democrática, particularista e baseada em privilégios que sempre teria marcado o exercício do poder político no Brasil. Faoro procura comprovar sua hipótese buscando raízes que se alongam até a formação do Estado português no remoto século XIV de nossa era. Um argumento central que perpassa todo o livro é o de que o Brasil "herda" a forma do exercício do poder político de Portugal. Como em Sérgio Buarque, a herança ibérica que supostamente finca fundas raízes na nossa sociedade, passa a ser responsável por nossa relação exterior e "para inglês ver" com o processo de modernização capitalista. A intenção aqui é criar uma falsa oposição entre o desenvolvimento histórico anglo-americano e o luso-brasileiro, para justificar a ideologia do mercado como fonte de todas as virtudes e do "americanismo" — a ideologia da elite como vimos antes — hoje em dia.

O Brasil seria uma sociedade "pré-moderna", posto que reproduziria a forma "patrimonialista", que vigorava em Portugal, de exercício do poder. Como nas várias centenas de páginas de seu livro, Faoro procura demonstrar, precisamente, a correção histórica e sociológica de seu argumento, é no embate com suas proposições que poderemos perceber a fragilidade teórica dessas ideias "teleológicas", ou seja, construídas para validar uma única tese política: a ação intrinsecamente demoníaca do Estado contraposta à ação intrinsecamente virtuosa do mercado. Essa é a ideia-força fundamental do liberalismo racista brasileiro por boas razões. Afinal, nas poucas vezes que se verificou historicamente qualquer preocupação política com as demandas das classes populares, estas sempre partiram do Estado. É aqui que começa, portanto, o "deslocamento" da questão principal secular da sociedade brasileira, a abissal desigualdade e a atmosfera de conflito abafado e generalizado que ela produz, como a mais importante peculiaridade social brasileira, em nome do falso conflito mercado/Estado. Esse conflito é falso por vários motivos que aprofundaremos mais tarde. Por enquanto examinemos como Faoro constrói seu argumento.

Vamos reconstruí-lo para posteriormente criticá-lo, partindo das suas duas teses principais que são intimamente relacionadas: 1) o Brasil "herda" de Portugal, para nossa desgraça, sua singularidade social e política; 2) o principal elemento que "prova" essa herança é a estrutura "patrimonial" do Estado e, por consequência, de toda a vida social. A síndrome do "liberalismo racista e conservador" construída por Sérgio Buarque é continuada e avançada por Faoro em todas as suas virtualidades.

Para Faoro, a formação do Estado português possui singularidades importantes dentro do contexto europeu. Portugal é o primeiro país da Europa a unificar seu território sob o comando indisputado de um único rei. Enquanto na maior parte dos países europeus a luta pela primazia e comando entre os vários grandes senhores territoriais ainda duraria séculos até que o poder e prestígio de apenas um pudesse se impor em relação a todos os outros, a situação em Portugal foi bem outra.

A guerra da reconquista do território português invadido pelos mouros possibilitou a incorporação de terras do inimigo à propriedade pessoal do senhor do reino e dos exércitos. O patrimônio do rei no século XIV já era maior do que o do clero e três vezes maior do que o da nobreza.[1] A esse prematuro traço de concentração territorial desenvolve-se todo um conjunto de medidas centralizadoras do poder real. A justiça suprema, em última instância, estava reservada à Coroa. Também o revigoramento do município, com milícia própria obediente ao rei, foi usado como forma de controlar o poder da nobreza e do clero. Como aconteceria em todos os outros países europeus mais tarde, a transformação da economia natural para a economia monetária, permitindo a arrecadação em moeda e o pagamento de serviços militares (inclusive os da nobreza) em dinheiro e não em terras, evitou o desenvolvimento de tendências descentralizadoras.

Como nos lembra Norbert Elias,[2] apenas a passagem à economia monetária permite a estabilidade da dominação centralizada. Num contexto em que a terra é ainda a fonte principal de riqueza, a monetarização dos encargos, conferindo o grosso das rendas do soberano, possibilita a renovação constante do erário para o pagamento dos serviços imprescindíveis à manutenção do domínio. O pagamento em terras acarretaria forçosamente o efeito contrário: não a reprodução ampliada das condições necessárias à manutenção e até ampliação do domínio, mas à sua fragmentação a partir da inevitável autarquização das concessões a delegados ou a distribuição de terras a outros senhores por serviços militares. Em resumo, o pagamento em terras estimula o interesse do ocupante transitório em se tornar o proprietário permanente.

Faoro percebe com perspicácia que é precisamente o prematuro processo de centralização e monetarização das bases sociais do poder real em Portugal que possibilitará que o pequeno reino disponha de reservas suficientes para a aventura ultramarina, fase heroica do povo português que marcará a história desse pequeno país por seis séculos. Sobre essa base material, militar e econômica, constitui-se um fundamento

---

1 Raimundo Faoro, *Os donos do poder*, Porto Alegre, Ed. Globo, 1984, p. 4.
2 Norbert Elias, *Über den Prozeß der Zivilisation*, vols. I e II, Berlim, Suhrkamp Verlag, 1991.

simbólico ou espiritual destinado a organizar e legitimar o poder do príncipe: o uso do direito romano como modelo de pensamento, ideal de justiça e instrumento de organização administrativa e jurídica. Ao fim e ao cabo, o soberano é reconhecido na sua qualidade de defensor, administrador e acrescentador do reino, teoria baseada no domínio eminente e não real. Como percebe Faoro, temos no Portugal medieval uma antecipação de séculos, em relação aos outros países europeus, do domínio absolutista.

De certo modo, para Faoro, o "sucesso" de Portugal, sua unificação prematura que o predispôs a grandes conquistas, é a causa última de seu "fracasso" como sociedade moderna. Assim sendo, a prematura centralização e unificação do Estado português medieval — que por um lado permite a concentração de recursos necessários à aventura ultramarina — guarda em si um efeito não esperado e perverso: impede as condições propícias para o desenvolvimento do capitalismo industrial. Ou, em outras palavras, impede a constituição mesma de uma sociedade moderna, visto que o Estado, ao substituir a atividade empresarial individual baseada no cálculo, interviria inibindo o exercício das liberdades econômicas fundamentais. Com isso, não apenas a atividade econômica estaria comprometida, mas o próprio exercício das liberdades públicas básicas, acarretando, também, a tibieza da vida democrática enquanto tal.

Para Faoro, sem indivíduo livre, percebido como autônomo em relação ao Estado, não temos, portanto, mercado competitivo nem democracia. Nesse sentido, a grande oposição ideológica do livro *Os donos do poder* será aquela entre uma sociedade guiada e controlada pelo Estado, de cima, e as sociedades onde o Estado é um fenômeno tardio e o autogoverno se combina com o exercício das liberdades econômicas. O conceito central para dar conta da singularidade sociopolítica luso-brasileira é a noção de *Estado ou estamento patrimonial*. O "estamento" seria uma camada social cuja solidariedade interna é forjada a partir de um estilo de vida comum e de uma noção de prestígio compartilhado, seguindo a lição weberiana. De modo a-histórico e conceitualmente frágil, como veremos em breve, Faoro equipara o caso português com o dos mandarins chineses, em uma sociedade muito diferente da portuguesa, inclusive em relação ao aspecto decisivo do desenvolvimento da economia monetária.[3]

Mas as filigranas conceituais não são o objeto principal da atenção de Faoro, mais interessado em criar a imagem de um "estamento incrustado no Estado" — a tal "elite patrimonial", como se ela estivesse até hoje no Estado e não no mercado — o qual se apropria do aparelho de Estado como coisa própria e usa o poder de Estado de modo a assegurar a perpetuação de seus privilégios. Historicamente, o estamento se teria consolidado a partir da crise dinástica de 1383-1385. O novo contexto de poder daí resultante consolida um novo equilíbrio entre a nascente burguesia e a nobreza lentamente decadente. Desse equilíbrio de forças,[4] temos a estruturação de uma comunidade dentro do Estado que fala em nome próprio: o estamento. Básico para o conceito de estamento é a noção de *honra*. Honra é o conceito central das sociedades pré-capitalistas tradicionais que se funda no prestígio diferencial e na desigualdade. Para Faoro:

> Os estamentos florescem, de modo natural, nas sociedades em que o mercado não domina toda a economia, a sociedade feudal ou patrimonial. Não obstante, na sociedade capitalista, os estamentos permanecem, residualmente, em virtude de certa distinção mundial, sobretudo nas nações não integralmente assimiladas ao processo de vanguarda... O estamento supõe distância social e se esforça pela conquista de vantagens materiais e espirituais exclusivas. As convenções e não a ordem legal determinam as sanções para a desqualificação estamental, bem como asseguram privilégios materiais e de maneiras. O fechamento da comunidade leva à

---

3 Max Weber, *Die Wirtschaftsethik der Weltreligionen*, Tubinga, J.C.B. Mohr, 1991.
4 Precisamente nesse equilíbrio de forças entre burguesia ascendente e nobreza decadente percebe Elias o momento mais propício para a monarquia centralizada absoluta.

apropriação de oportunidades econômicas, que desembocam, no ponto extremo, nos monopólios de atividades lucrativas e de cargos públicos. Com isso, as convenções, os estilos de vida, sobre o mercado, *impedindo-o de expandir sua plena virtualidade de negar distinções pessoais*. Regras jurídicas, não raro, enrijecem as convenções, restringindo a economia livre, em favor de quistos de consumo qualificado, exigido pelo modo de vida. De outro lado, a estabilidade econômica favorece a sociedade de estamentos, assim como as transformações bruscas, das técnicas ou das relações de interesse, os enfraquecem. Daí que representem eles um freio conservador, preocupados em assegurar a base de seu poder. Há estamentos que se transformam em classes e classes que evolvem para o estamento — sem negar seu conteúdo diverso. Os estamentos governam, as classes negociam.[5]

Temos, nessa citação, o denso resumo do argumento que será desenvolvido no decorrer de todo o livro. Temos a ideia do "resíduo" (de outras épocas) estamental que se torna permanente e fragiliza a atividade do livre mercado (para o liberalismo radical de Faoro, o mercado enquanto tal, e não o mercado temperado e controlado, é a base tanto do capitalismo quanto da democracia e, pasmem, da igualdade social efetiva!). A referência às situações de instabilidade, quando ocorrem mudanças bruscas, ajuda a esclarecer a dialética de constante desaparecimento/reaparecimento da realidade estamental, como veremos a seguir, sob a forma do eterno retorno do mesmo, o famoso "vinho novo em odres velhos" na metáfora antissociológica — posto que nega a influência dos ambientes históricos e institucionais cambiantes —, tão repetida no decorrer do livro pelo autor. De resto, para completar o quadro, a definição da função do estamento como sendo a de "governar". É esse seu "trabalho". O Estado é o seu "negócio".

O ponto fundamental da definição de Faoro, no entanto, responde tanto por sua fragilidade como conceito, em última instância, quanto

---

5 Raymundo Faoro, *Os donos do poder*, op. cit., pp. 46-47 [grifos meus].

por sua extraordinária eficácia — menos como instrumento de convencimento intelectual do que como "mensagem política". O que nos interessa aqui é a *intencionalidade* que lhe é atribuída. Aí, precisamente, creio eu, reside sua enorme força de convencimento, pois possibilita encontrar um *culpado* para nossas mazelas e nosso atraso. Em oposição ao uso histórico e dinâmico da categoria de patrimonialismo em Weber, seu uso por Faoro é estático e tendencialmente a-histórico. Faoro se interessa pouco pelas transformações históricas do que ele chama de estamento burocrático e procura sempre ressaltar, ao contrário, a permanência inexorável do mesmo sob mil disfarces que são apenas uma aparência de diferença. Isso resulta da forma teleológica e esquemática com a qual ele constrói seu argumento (sem prejuízo da primorosa historiografia política, especialmente do período que vai de 1822 a 1922, que ele, apesar de tudo, consegue realizar).

Seu argumento é "teleológico", ou seja, "antecipa" um fim estranho à argumentação que "coloniza" e subordina todos os enunciados utilizados. Isso acontece na medida em que ele — a partir de sua primeira intuição influenciada pela leitura de Joaquim Nabuco acerca da influência da elite de funcionários letrados — alonga essa influência retrospectivamente a um período de quase oito séculos. Nesse caminho, o leitor atento percebe muitas vezes a camisa de força que significa a transposição para as situações históricas as mais variadas de uma ideia que deixa, ao limite, de ser uma categoria histórica e assume a forma de uma "maldição", uma entidade demiúrgica que tudo explica e assimila.

É isso o que vai explicar de que modo a categoria a-histórica de "estamento patrimonial", que o autor constrói, transmuta-se quase que imperceptivelmente na noção pura e simples de Estado interventor. Toda a argumentação do livro se baseia nessa transfiguração: sempre que temos Estado, temos um estamento que o controla em nome de interesses próprios, impedindo o florescimento de uma sociedade civil livre e empreendedora. Do mesmo modo que acontece com Buarque, também para Faoro, o essencial é a criminalização das reformas de Vargas ou de qualquer outro que pretenda usar o Estado para a criação de um projeto nacional de longo prazo. Voltemos aos argumentos do autor.

Apesar da narrativa elegante e erudita, "todos" os pressupostos, tanto os históricos quanto os sociológicos, da análise de Faoro são falsos. Eles repetem também, passo a passo, a "síndrome conceitual" do liberalismo conservador cuja fragilidade conceitual e histórica é clara como a luz do sol de meio-dia. Primeiro, o Brasil não herda de Portugal sua estrutura social. O escravismo que aqui imperou e que lançou sua sombra para todas as outras instituições, como a forma de família, de justiça e de vida econômica e política, nunca existiu em Portugal. Afinal, somos filhos de instituições que moldam nosso modo de ser e de perceber o mundo. Pensem, o leitor e a leitora, na ação diária de instituições como a família, a escola ou o mundo do trabalho. É pelo efeito cotidiano dessas instituições que somos construídos como seres humanos. A "cultura" é, portanto, institucionalmente produzida.

A transmissão cultural não se dá pelo "sangue", nem por uma picada de mosquito, nem muito menos pela chuva, mas sim pela ação de instituições que nos premiam e castigam, desde a socialização familiar, para nos construir de um certo modo específico. Assim, apesar de ter sido comandada por indivíduos portugueses, a sociedade formada aqui é muito diferente em todos os sentidos daquela que existia em Portugal. Ao contrário dos portugueses, nós fomos criados pela escravidão. E como ela nunca foi efetivamente criticada nos seus efeitos perversos, nós somos escravos e escravocratas sob máscaras modernas, como veremos, até hoje.

Em segundo lugar, a existência de um Estado forte não se contrapõe à atividade econômica, muito pelo contrário. Tanto a Inglaterra quanto, depois, os Estados Unidos, países erroneamente percebidos como construídos "espontaneamente" pelo mercado, pelos liberais empedernidos, ergueram seu poderio econômico com base no protecionismo estatal e na ação direta do Estado. No caso inglês, a construção da marinha britânica pelo Estado foi o requisito fundamental para sua posterior expansão mercantilista e, depois, capitalista. Do mesmo modo, foi uma política deliberada do Estado inglês a construção de manufaturas têxteis no país em vez de se perpetuar apenas como exportador de lã para Flandres.

No caso americano, o estímulo às atividades econômicas foi dominado desde sempre pelo Estado. O impulso para uma agricultura moderna e exportadora, já no século XIX, foi fruto de investimento em universidades agrícolas públicas em todo o país. A articulação financeira do povoamento da fronteira americana e a construção de ferrovias, também no século XIX, foram comandadas pelo Estado. No século XX, o avanço do capitalismo global americano foi planejado e levado a cabo por agências estatais, depois da Segunda Guerra Mundial. O fato de não ter logrado o mesmo feito depois da Primeira Guerra foi devido, precisamente, à relativa incapacidade estatal e não o contrário.[6] Isso sem falar no forte protecionismo estatal às indústrias locais que vigoraram até 1939. O núcleo mesmo do argumento faoriano que associa o desenvolvimento econômico da Inglaterra e dos Estados Unidos à ação do mercado "livre do Estado" é falso de fio a pavio.

Também a análise do patrimonialismo é falsa e não se aplica ao Brasil contemporâneo, como veremos. A intenção política que coloniza os argumentos se completa na noção de São Paulo como uma espécie de "Massachusetts tropical", transformando bandeirantes caçadores de índios em protestantes ascéticos, finamente ironizada por Vianna Moog. O interesse oculto é legitimar a ação da elite de proprietários mais rica, a elite paulista, como se fosse de interesse da sociedade como um todo. O desprezo pela contextualização histórica e pela eficácia das instituições novas que se criam na modernidade se completa com a ideia de que o ascetismo fosse possível de ser mantido em contexto capitalista.

---

6 Sam Gindin e Leo Panitch, *The Making of Global Capitalism*, Nova York, Verso, 2013.

Ou seja, todo o mundo social e sua contextualização histórica são postos de cabeça para baixo para a comprovação da tese de um suposto "patrimonialismo" a partir de um estamento "do mal" incrustado no Estado e que vampirizaria todas as forças vitais da sociedade. Frágil e absurda como essa ideia é, ela continua a ser a ideia-força principal do liberalismo conservador brasileiro que permanece vivo no imaginário social cotidiano de todos nós. Episódios como o "mar de lama" utilizado contra Getúlio, ou o "mensalão" e a "Lava Jato" contra o PT, todos, sem exceção, estimulados por interesses mesquinhos de mercado — têm sua base e força de convencimento na tese do patrimonialismo. É essa tese superficial e sem qualquer fundamento conceitual sério que serve de contraponto para a pobreza do debate público político, entre nós, há cem anos. A ideia central é tornar invisível a rapina da elite de proprietários e manter a política sob constante ameaça de golpe de Estado se fizer algo contra os interesses de uma ínfima elite.

Assim sendo, vale a pena uma pequena digressão conceitual e histórica dessa noção em Max Weber, de quem todos, inclusive Faoro, vão buscar o "prestígio científico" dessa noção. Sem a referência a Weber, essa noção perde qualquer sentido. Nada resta dela, daí ser importante verificar sua confiabilidade. A discussão weberiana acerca da noção de patrimonialismo é complexa e multifacetada. No sentido mais formal, o patrimonialismo é uma variação do tipo de dominação "tradicional".[7] Ao contrário das formas "primárias" de dominação tradicional como a gerontocracia e o patriarcalismo, caracterizadas pela ausência de um quadro administrativo, o patrimonialismo se caracteriza pela presença de um quadro administrativo, ou seja, um quadro burocrático de funcionários, o que traz para Weber as consequências mais importantes para o exercício da dominação política.[8]

---

7 Max Weber, *Wirtschaft und Gesellschaft*, Tubinga, J.C.B. Mohr, 1985, pp. 130-139.
8 *Ibidem*, pp. 134-137.

É que na estrutura tripla a partir da qual Weber pensa a dinâmica interna às esferas sociais, o campo político se articula e se define enquanto tal a partir do peso relativo da relação triádica entre o líder, o quadro administrativo e os dominados.[9] A entrada, portanto, do quadro administrativo em cena inaugura, de certo modo, a política moderna em toda a sua complexidade. Isso porque entra em cena também o tema central da "delegação do poder", já que o exercício do poder sobre grande número de pessoas e sobre extenso território exige um quadro administrativo como intermediário entre a liderança e os liderados. É isso que muda estruturalmente o exercício do poder político. A existência do quadro administrativo é tão importante para Weber que ele vai definir o tipo mais puro — além da dominação tradicional e suas variantes — de dominação permanente e estável,[10] a dominação racional-legal, precisamente pela existência de um quadro administrativo burocrático.[11] A burocracia é "racional", para Weber, no sentido preciso de que a eficiência técnica e a estrita obediência à liderança se aproximam ao máximo do caso concreto.

Este não é o caso do quadro de funcionários no patrimonialismo. Nele, o exercício do domínio efetivo dependerá do maior ou menor controle do líder sobre seu quadro de funcionários. Por conta disso, Weber definirá também as diversas subdivisões do subtipo de dominação patrimonial, precisamente, a partir da maior importância relativa do líder ou do quadro administrativo. Quando atentamos para a contextualização histórica dessa questão em Weber, queremos, acima e antes de tudo, enfatizar o fato de que o patrimonialismo não é compatível com esferas

---

9 *Ibidem*, capítulo V, pp. 245-381, *ver também* o texto primoroso de Pierre Bourdieu acerca da estrutura triádica do campo religioso verificável em várias esferas importantes, como a política, por exemplo. Pierre Bourdieu, "Uma interpretação da teoria da religião de Max Weber", in: *A economia das trocas simbólicas*, São Paulo, Perspectiva, 2011, pp. 79-181.
10 Max Weber, *Wirtschaft und Gesellschaft, op. cit.*, pp. 141-142. A dominação carismática só existiria como "tipo puro" em situações excepcionais.
11 *Ibidem*, p. 126.

sociais diferenciadas, ou seja, nas palavras de Weber e como ele preferia se referir, nas "esferas da vida". As esferas da vida diferenciadas, como a política e a economia, implicam que cada qual possui um princípio valorativo ou critério regulador que lhe é próprio e que serve de padrão para a conduta dos indivíduos nessa esfera específica. Implica também que todo o conjunto de papéis sociais, expectativas de comportamento, construção organizacional e padrões de institucionalização vão se guiar e ser avaliados precisamente pelo mesmo critério regulador.

Assim, a sua explicação do patrimonialismo em todos os seus casos concretos parte precisamente da impossibilidade da existência de esferas sociais diferenciadas no contexto patrimonial. Isso não quer dizer que não existam "aspectos políticos" ou "aspectos econômicos" da ação social nesses campos, mas que essas ações são situadas e contextualizadas, são crescentes, por exemplo, em tempos de guerra, para voltar a inexistir em tempos de paz, não desenvolvendo, portanto, todas as virtualidades de um campo diferenciado. Nesse sentido, o patrimonialismo para Weber representa antes de tudo um simples aumento quantitativo da "economia doméstica" (*Hausgemeinschaft*),[12] ainda que existam pressupostos ideais novos, como a necessidade de legitimação carismática do líder patrimonial.[13]

Mesmo que o aumento quantitativo de novas conexões e funções para o exercício do poder seja requerido nessa "grande comunidade doméstica", o que acontece, como nota Thomas Schwinn em sua excelente discussão acerca do caráter necessariamente indiferenciado das esferas sociais no patrimonialismo,[14] é a mera substituição do princípio segmentado-horizontal da comunidade doméstica em favor de uma segmentação verticalizada com caráter hierárquico no patrimonialismo.[15] O aspecto

---

12 *Ibidem*, pp. 671-676.
13 *Ibidem*, p. 662, *ver também* Thomas Schwinn, *Differenzierung ohne Gesellschaft*, Weilerswist, Velbrück, 2001, p. 216.
14 *Ibidem*, pp. 211-302.
15 *Ibidem*, p. 217.

decisivo aqui é que todas as esferas da vida estão especialmente amalgamadas de modo radical, não apenas os aspectos econômicos e políticos. Mesmo que possam existir empreendimentos de grande vulto econômico no contexto patrimonial, como os assegurados por privilégios de monopólio de comércio e de manufatura, os mesmos podem ser retirados, de modo mais ou menos arbitrário, impedindo o cálculo e a previsibilidade que são indispensáveis à institucionalização da esfera econômica. Está pressuposto no argumento weberiano que é precisamente a irremediável confusão entre as diversas esferas sociais que garante a apropriação do excedente social nos termos patrimoniais: precisamente como "butim livre para a formação de fortunas" dos setores privilegiados.[16]

Como a interpretação dominante do suposto "patrimonialismo brasileiro"[17] enfatiza a variante onde o "estamento" (*stand*), ou seja, onde o quadro administrativo assume a proeminência e o efetivo exercício do poder — em próprio interesse e em desfavor tanto da liderança quanto dos liderados —, então nada mais razoável que ilustremos nossa crítica a essa "apropriação indébita" das ideias weberianas pela comparação com o caso histórico analisado em detalhe por Weber e por ele considerado o caso mais puro de "patrimonialismo estamental".[18]

Se prestarmos bastante atenção, a análise que Weber desenvolve em seu estudo sobre o confucionismo e taoismo nas suas relações com o império patrimonial chinês,[19] podemos perceber facilmente o quanto seu conceito de patrimonialismo é contextual e historicamente determinado. Como o patrimonialismo jamais se reduz à esfera da política em estrito senso, já que a "esfera política" em sentido diferenciado e estrito ainda não existe, a dominação social implica uma articulação específica de diversos interesses além dos estritamente políticos. Em

---

16 *Ibidem*, pp. 642-646.
17 Os dois grandes nomes da recepção weberiana no Brasil são Sérgio Buarque e Raymundo Faoro.
18 Max Weber, *Wirtschaft und Gesellschaft*, op. cit., p. 650.
19 Idem, *Die Wirtschaftsethik der Weltreligionen*, op. cit.

primeiro lugar, a confusão entre as diversas esferas sociais, das quais o patrimonialismo retira sua própria condição de existência, exige a presença de uma série de fatores socioeconômicos "externos" ao que chamaríamos hoje em dia de dominação política em sentido estrito. Alguns desses fatores importantes são: a inexistência de uma economia monetária desenvolvida, a existência de um Direito não formal e uma legitimação em grande medida mágico-religiosa do poder político. Todos esses elementos marcam a sociedade chinesa patrimonial. E todos estes elementos nunca existiram no Brasil do mesmo modo que na China e, mais importante, de modo nenhum no Brasil moderno.

O ponto central em todos esses casos parece-me a impossibilidade de "cálculo racional" que todos esses fatores envolvem e estimulam reciprocamente. A extração do excedente social, por parte do estamento patrimonial dos literatos chineses, só pode ser obtida, não apenas por conta da enorme dificuldade de controle pela autoridade central, mas, também, porque a possibilidade de cálculo da atividade econômica e do produto do trabalho, precisamente pelo pouco desenvolvimento da economia monetária, é reduzida ao mínimo. Toda a possibilidade de cálculo entre receita e despesa, planejamento e racionalização da vida depende da existência dessas precondições que, no caso chinês, não estavam dadas. Era isso que permitia o esbulho dos camponeses pelos funcionários. O único limite à exploração era a tradição, já que não havia a possibilidade de cálculo do que era efetivamente extorquido. É precisamente por conta disso que Weber diz que não pode existir patrimonialismo com economia monetária desenvolvida, coisa que o Brasil passa a ter de modo generalizado a partir da segunda metade do século XVIII.

O "tipo de dominação patrimonial" pressupõe, no sentido forte do termo, uma configuração institucional específica como sua própria condição de existência. Não atentar a essas precondições é utilizar o "conceito" como mero "nome", ou seja, uma denominação arbitrária desprovida de qualquer contextualização histórica e de qualquer cuidado conceitual, que é precisamente o que não só Faoro, mas todos os que usam este conceito entre nós nos últimos cem anos fazem.

Dentre os fatores "internos" à esfera política, temos o fato de que, na China, o estamento de literatos era o estrato social mais organizado e poderoso, ainda que, em grande medida, ineficaz em relação ao poder local dos clãs e da autoridade paterna familiar. Não só desfrutavam de alto prestígio social como também mantinham comunicação entre si e zelavam cuidadosamente pelo monopólio das condições que garantiam seus privilégios. Além disso, estavam representados por toda a China, sendo efetivamente a única instância de poder real. O "patrimonialismo estamental", como sabemos, é, para Weber, o exemplo mais claro de "dominação do quadro administrativo" pela necessidade de delegação do poder, que a expansão dos grandes impérios com grande extensão territorial cria, vinculada simultaneamente à carência dos instrumentos de controle desse mesmo poder fático pelo dominador ou líder. No caso brasileiro, só em meados do século XX se constitui uma verdadeira burocracia com os meios para a atuação em todo o território nacional. Mas aqui já num contexto de desenvolvimento capitalista intenso e rápido.

O caso brasileiro era e é, portanto, muito diferente sob todos os aspectos do caso chinês. Primeiro, tomando como exemplo o caso brasileiro como ilustração, jamais existiu no período colonial qualquer coisa semelhante ao estamento burocrático chinês. A colonização do país foi deixada nas mãos de particulares que eram verdadeiros soberanos nas suas terras onde o Estado português, apenas de modo muito tênue, conseguia impor sua vontade. A ênfase de Faoro em uma "dominação de longe" de Portugal no Brasil que atravessava praias e sertões com seus olhos de *"big brother"* que tudo via e controlava equivale a uma quimera. Portugal era um país pequeno e pouco populoso e sua estratégia de delegar a particulares a colonização das novas terras era um imperativo de sobrevivência. Aqui como em outros lugares, a "fantasia histórica" serve apenas para corroborar uma tese "política", ou seja, o antiestatismo liberal, sem qualquer fundamento na realidade.

No contexto brasileiro, a associação com o feudalismo — que seria também imprecisa — teria mais relação com a realidade do que a ficção patrimonialista de controle absoluto. Precisamente, a falta de qualquer estrutura de controle e de administração levou a uma forma extremamente descentralizada de desenvolvimento das "capitanias", como eram chamadas então as estruturas descentralizadas. Uma exceção histórica foi o ataque fiscal aos lucros das minas na província de Minas Gerais, na segunda metade do século XVII, sem que isso tenha levado à constituição de um estamento nacional, já que o intuito era meramente fiscal e localizado à região das minas. A partir de 1808, com a abertura dos portos, a economia monetária penetra de modo incipiente no começo, mas com crescente importância. E o capitalismo comercial se torna uma realidade interna com cada vez mais importância, implicando, inclusive, a constituição de um sistema bancário e financeiro crescentemente influente nas cidades.

A realidade dos contratos e do Direito formalizado, por sua vez, já existia desde a escravidão, tendo sempre atraído a atenção de estudiosos do assunto.[20] Nunca houve também, no Brasil ou na América Latina, legitimação mágica do poder político no sentido chinês do termo, em que o imperador era a garantia de harmonia no mundo natural e social percebidos como indistintos.[21] O caso chinês é típico, posto que mostra todas as virtualidades do patrimonialismo como um tipo de dominação e, por extensão, quando acompanhado da indistinção de esferas sociais, como vimos, em um tipo específico de sociedade e de sociabilidade. Toda vez, dado um contexto "tradicional" nos termos weberianos, que o feudalismo e os poderes locais e descentralizados logram se desenvolver para a forma imperial e centralizada sem os mecanismos modernos de controle do poder burocrático, sem a racionalização da

---

20 Roberto Schwartz, por exemplo, fez desse tema o seu mote de estudos. *Ver* Roberto Schwartz, *Ao vencedor as batatas*, São Paulo, Editora 34, 1995.
21 Max Weber, *Die Wirtschaftsethik der Weltreligionen*, *op. cit.*, pp. 54-79.

conduta cotidiana, e sem a possibilidade de cálculo econômico racional, o patrimonialismo e seus subtipos tendem a se desenvolver como realidade efetiva. Nada disso jamais aconteceu no Brasil.

Além disso, entre 1930 e 1980, o Brasil foi um dos países de maior crescimento econômico no mundo, logrando construir um parque industrial significativo sem paralelo na América Latina. Como se pode exibir tamanho dinamismo econômico em um contexto, como o do patrimonialismo, que pressuporia "indiferenciação da esfera econômica" e, portanto, ausência de pressupostos indispensáveis e de estímulos duradouros de toda espécie à atividade econômica? Essa questão por si só seria um desafio intransponível para os defensores do "patrimonialismo brasileiro". Mas ela nunca é feita. Daí tal noção funcionar como pressuposto central nunca explicitado. Para seus defensores de hoje, ela seria tão óbvia que dispensaria explicitação.[22]

Na sociologia brasileira, portanto, o conceito de patrimonialismo perde qualquer contextualização histórica, fundamental no seu uso por Max Weber, e passa a designar uma espécie de "mal de origem" da atuação do Estado enquanto tal, em qualquer período histórico. Na verdade, uma mera "arma" política para deslegitimar qualquer intervenção do Estado, se utilizando do prestígio científico de um grande pensador descaracterizado, no sentido de regular a vida social e evitar os desmandos dos proprietários do mercado. Em Faoro, que fez, como vimos, dessa noção seu mote investigativo com extraordinário impacto e influência até hoje — enquanto na maioria dos intelectuais brasileiros a questão é um pressuposto implícito, embora fundamental —, a noção de patrimonialismo carece de qualquer precisão histórica e conceitual. Historicamente, na visão de Faoro, existiria, como vimos, patrimonialismo desde o Portugal medieval, onde não havia sequer a noção de "soberania popular", e, portanto, se não havia sequer a ideia

---

22 Bolivar Lamounier e Amaury Souza, *A classe média brasileira*, Rio de Janeiro, Campus, 2009. *Ver também* o best-seller *A cabeça do brasileiro*, de Alberto Carlos de Almeida, Rio de Janeiro, Record, 2007.

da separação entre bem privado (do rei) e bem público, o rei e seus prepostos não podiam "roubar" o que já era dele de direito.

A noção moderna de corrupção pressupõe, afinal, que exista um "bem público" a ser subtraído em favor de um particular. No entanto, por sua vez, só existe a ideia de "bem público" quando o poder é percebido como derivado do povo. Sem a ideia de soberania popular não temos o pressuposto fundamental para que haja "corrupção" como hoje a entendemos. Afinal, é apenas quando a ideia de que todo poder emana do povo se cria, que passa a existir também a ideia derivada de que a "propriedade do Estado" é de todos, e não, por exemplo, do rei e de sua família. Faoro comete o pior pecado que um historiador pode cometer: pressupõe existir no passado, no caso, no Portugal medieval, ideias socialmente compartilhadas que só foram desenvolvidas muitos séculos depois. A noção de soberania popular só terá alguma eficácia prática a partir do século XVIII, na Revolução Francesa e na independência americana, e sem a ideia de soberania popular não temos o pressuposto fundamental para que haja "corrupção", no sentido moderno do termo. Faoro falseia a história para criar a ideologia do vira-lata brasileiro supostamente desde sempre corrupto. Falar de corrupção na Idade Média portuguesa equivale a uma fraude histórica de grandes proporções. Não obstante, todo o país acabou acreditando — e ainda acredita — nessa balela.

Em segundo lugar, o patrimonialismo, na verdade, acaba se transformando, em Faoro, em um mero equivalente funcional para a intervenção estatal. No decorrer do livro de Faoro, o conceito de patrimonialismo perde crescentemente qualquer vínculo concreto, passando a ser substitutivo da mera noção de intervenção do Estado, seja quando este é furiosamente tributário e dilapidador, por ocasião da exploração das minas no século XVIII, seja quando o mesmo é benignamente interventor, quando D. João cria, no início do século XIX, as precondições para o desenvolvimento do comércio e da economia monetária, quadriplicando a receita estatal e introduzindo inúmeras melhorias públicas.

A imprecisão contamina até a noção central de "estamento", uma suposta "elite" incrustada no Estado, que seria o suporte social do patrimonialismo. O tal "estamento" é composto, afinal, por quem? Pelos juízes, pelo presidente, pelos burocratas? O que dizer do empresariado brasileiro, especialmente o paulista, que foi, no caso brasileiro, o principal beneficiário do processo de industrialização financiado pelo Estado interventor desde Vargas? Ele também é parte do "estamento" estatal? Deveria ser, pois foi quem econômica e socialmente mais ganhou com o suposto "Estado patrimonial" brasileiro. Como fica, em vista disso, a falsa oposição entre mercado "idealizado" e Estado "corrupto"?

Faoro, como o mais importante e influente historiador brasileiro sob qualquer critério objetivo, vai construir a visão da história brasileira mais influente até hoje e que foi costurada à perfeição para atender aos interesses da elite de proprietários do mercado. Afinal, se a corrupção está só no Estado, então o assalto praticado pela elite do mercado ao comprar a política tende a ficar completamente invisível. Só temos olhos para o pequeno "operador político" da corrupção dentro do Estado — como não lembrar das malas de dinheiro da JBS para Aécio e Temer filmadas para que todos pudessem ver? O verdadeiro ladrão e mandante do crime, que é quem manda as malas de dinheiro, por definição só realiza "bons negócios".

O Estado "patrimonial" criminalizado serve para isso: tornar invisível a rapina da elite de proprietários; estigmatizar o Estado e, por extensão, a política e a soberania popular. Pior: serve para retirar a autoestima e a autoconfiança de todo um povo ao estigmatizá-lo como "corrupto" desde tempos imemoriais. Mesmo que, como vimos anteriormente, sequer houvesse a possibilidade da ideia moderna de corrupção no medievo português. É que um povo sem autoestima pode ser facilmente manipulado por sua elite. Este é o verdadeiro sentido da existência da noção de corrupção "patrimonial" como causa principal do atraso brasileiro.

3. O JEITINHO BRASILEIRO
Roberto DaMatta e a modernização do culturalismo

A obra do antropólogo Roberto DaMatta, muito influente nas últimas décadas do século XX, criou a versão mais bem-sucedida da "sociologia do jeitinho brasileiro" e representou a "modernização" possível do culturalismo conservador no país. DaMatta é um talentoso antropólogo formado nas melhores universidades do mundo e a versão brasileira mais bem-sucedida — em termos do sucesso medido por vendas de livros e influência acadêmica e social — do estruturalismo que renovou a antropologia em todo o mundo, seguindo a linhagem de Lévi-Strauss e Louis Dumont. Ele é também o melhor exemplo de como uma perspectiva pretensamente científica — por mais bem-vestida e reluzente que ela seja —, que não critica seus pressupostos, está condenada à repetição das banalidades e truísmos de um senso comum permeado de preconceitos.

Em resumo, se o ponto de partida do culturalismo conservador brasileiro sintetizado por Gilberto Freyre é a construção de um "mito nacional", um "conto de fadas para adultos" para fins práticos de solidariedade social, a ciência só pode ser construída "contra" o mito nacional e não "a partir" dele. A perspectiva científica — e esta talvez seja a única concordância de todos os pais da ciência social moderna — só se constitui "contra" o senso comum acerca do mundo social que todos nós compartilhamos. Isso significa que apenas a ciência tem um compromisso com a "busca da verdade" que o senso comum, povoado por demandas pragmáticas de todo tipo, não possui.

Roberto DaMatta é, nesse sentido, o representante de um culturalismo menos ingênuo do que o imaginado pelos seus antecessores, na medida em que a "cultura" é percebida como uma espécie de "inconsciente coletivo" da qual as pessoas participam sem ter consciência do que fazem. Essa concepção representaria uma quebra nas ilusões do senso comum que imagina o mundo social sendo formado pelo ajuntamento de intenções individuais. Mas DaMatta não é consequente nessa ruptura, fazendo dela algo superficial e ainda mais perigoso, posto que dá a impressão de novidade onde ela não existe.

É que DaMatta não discute o principal: os pressupostos, ou seja, as ideias não discutidas que sempre existem por trás dos argumentos visíveis que são, no entanto, o fundamento para a validade científica dos conceitos utilizados. O que permanece não discutido é o núcleo da concepção do Brasil como uma sociedade pré-moderna, constituída por indivíduos emotivos, que obedecem às preferências do sentimento e que são, por conta disso, corruptos e inconfiáveis. Do mesmo modo que Buarque, DaMatta incorpora o personalismo freyriano e confere, também a exemplo de Buarque, um sinal negativo àquilo que era, para Freyre — para seus fins de criação de um "orgulho nacional" —, positivo ou pelo menos ambíguo. Mas a ideia mais importante aqui é mantida. O Brasil é herdeiro de Portugal no seu personalismo pré-moderno, e isso mesmo depois que o país se urbaniza, se moderniza e se industrializa. Se Buarque falava nos anos 1930 do século passado quando o Brasil engatinhava no seu esforço de modernização, DaMatta repete o mesmo raciocínio no final do século XX, quando o país já tinha dado adeus ao passado rural e já tinha construído o maior parque industrial do hemisfério sul do globo.

Mas para DaMatta, como já tinha sido para Buarque e Faoro, essas verdadeiras revoluções institucionais, que transformaram radicalmente todas as outras sociedades do planeta, não mudaram o Brasil na sua essência pré-moderna. Assim como Buarque dizia que a modernização brasileira do século XIX era "para inglês ver" ou, na figura de Faoro, "vinho novo em odres velhos", também DaMatta é presa de um culturalismo pensado *"ad eternum"*, que nunca muda, a não ser superficialmente. Do mesmo modo que a tradição anterior que ele continua, o contraponto são os mesmos Estados Unidos pensados como "paraíso na terra", um país supostamente sem corrupção, sem "jeitinhos" criados a partir de relações pessoais privilegiadas, e, talvez o mais incrível, exemplo de "igualdade social"![1]

Do mesmo modo que nos demoramos na crítica da versão "institucionalista" de maior prestígio e influência do nosso culturalismo conservador, representada pela fundamentação histórica da noção de "patrimonialismo" em Raymundo Faoro, também vamos criticar, em detalhe, a versão mais influente e festejada de nosso culturalismo "personalista", que pretende esclarecer as relações interpessoais do cotidiano brasileiro, representada por Roberto DaMatta.

Falo em "personalismo" posto que a atenção de DaMatta se concentra em uma abordagem culturalista das nossas práticas e ritos cotidianos. Sua pretensão foi captar o núcleo da sociabilidade brasileira por trás das suas aparências. Ou seja, DaMatta imagina ter feito precisamente aquilo que também nós defendemos como o objetivo maior da ciência: a crítica do senso comum dos leigos e suas ilusões. Esse será, portanto, o fio condutor de nossa crítica: demonstrar que ele não fez o que ele próprio concorda ser o desafio da verdadeira ciência social. Afinal, ele próprio imagina que sua reflexão aponta para o desejo de surpreender a realidade brasileira por trás de suas autoimagens consagradas. Assim, em *Carnavais, malandros e heróis*,[2] seu livro mais importante, essa tentativa é empreendida a partir do estudo do cotidiano brasileiro, no estudo dos seus rituais e modelos de ação que todos nós realizamos sem ter a consciência de que assim o fazemos.

---

[1] Qualquer leitor que tenha viajado aos Estados Unidos e visitado os subúrbios pobres de Nova York, Chicago ou Los Angeles, cuja penúria e violência são inauditas em qualquer país rico, não deixará de estranhar tamanha distorção da realidade.

[2] Roberto DaMatta, *Carnavais, malandros e heróis*, Rio de Janeiro, Zahar, 1981.

O método, como já fizemos referência, é o "estruturalista", enfatizando as possibilidades de combinação alternativas e as ênfases distintas de elementos dominantes e subordinados, sempre a partir de estruturas binárias ou duais, de cada sistema social analisado. Assim, as categorias mais gerais do raciocínio damattiano, as de indivíduo e pessoa, são percebidas como se articulando de forma peculiar em cada sociedade. DaMatta é fortemente influenciado, nessa oposição, pelo antropólogo francês Louis Dumont,[3] que pensa em uma chave teórica que opõe a ideia de "hierarquia e holismo", da qual a Índia seria o exemplo mais acabado, por oposição à ideia da "igualdade e individualismo", da qual os Estados Unidos seriam o exemplo mais perfeito.

Assim, o indivíduo, no Brasil, não seria uma categoria universal e englobadora como nos Estados Unidos, nem apenas o renunciante, como na Índia. O indivíduo entre nós seria o joão-ninguém das massas, que não participa de nenhum sistema poderoso de relações pessoais. Desse modo, teríamos no Brasil um sistema "dual" e não um sistema unitário, ao contrário tanto dos Estados Unidos quanto da Índia. A questão essencial para DaMatta, portanto, já está posta: trata-se, no caso brasileiro, de perceber a "dominância relativa de ideologias e idiomas através dos quais certas sociedades representam a si próprias".[4] Nesse sentido, nossa especificidade seria nossa dualidade constitutiva.

O indivíduo entre nós se definiria pela oposição com seu contrário: a pessoa. Esta, por sua vez, se definiria como um ser basicamente relacional, uma noção apenas compreensível por referência a um sistema social onde as relações de compadrio, de família, de amizade e de troca de interesses e favores, ou seja, o personalismo como já havíamos visto em Buarque e Faoro. No indivíduo teríamos, ao contrário, uma contiguidade estrutural com o mundo das leis impessoais que submetem e subordinam.

---

[3] Louis Dumont, *Homo Hierarchicus*, São Paulo, Edusp, 1992.
[4] Roberto DaMatta, *Carnavais, malandros e heróis, op. cit.*, p. 23.

Na verdade, DaMatta procura relacionar o que ele considera sendo duas leituras da realidade brasileira que seriam vistas comumente como antagônicas: uma "institucionalista", a qual destacaria os macroprocessos políticos e econômicos, segundo a lógica da economia política clássica, e implicando, por isso mesmo, alguma forma de diagnóstico pessimista do Brasil; e outra vertente, a qual poder-se-ia chamar de "culturalista", onde a ênfase é concedida ao elemento cotidiano dos usos e costumes, da nossa tradição supostamente familística, ou "da casa" na linguagem de DaMatta.[5] Sua própria perspectiva seria, portanto, superadora e sintetizadora dessas perspectivas parciais, unindo-as e relacionando-as como duas faces de uma mesma moeda, transformando essas visões unilaterais num "dualismo" articulado.

Ao tentar unir e relacionar as duas perspectivas dentro de um mesmo quadro de referência teórica, acredita DaMatta perceber a "gramática profunda" do universo social brasileiro. Veremos mais adiante que o acesso a essa gramática exigiria a superação do próprio dualismo. Permaneçamos, no entanto, ainda um instante, dentro do próprio horizonte aberto pelo dualismo damattiano. Em que consiste esse dualismo e como DaMatta o constrói?

Vimos que os termos mais abrangentes desse dualismo são as noções de indivíduo e pessoa. Esse é o dado fundamental e primário na medida em que todos os outros decorrem desse antagonismo fundamental. Assim, outras dualidades importantes para DaMatta, como aquela entre a casa e a rua, por exemplo, são decorrentes da oposição entre indivíduo e pessoa, na medida em que indicam "espaços" privilegiados onde cada uma dessas modalidades de relações sociais se realizaria.

À oposição entre a casa e a rua corresponderiam, por sua vez, "papéis sociais, ideologia e valores, ações e objetos específicos, alguns inventados especialmente para aquela região no mundo social".[6] Nesse sentido,

---

5 Roberto DaMatta, *A casa e a rua*, Rio de Janeiro, Guanabara Koogan, 1991, pp. 24-29.
6 Roberto DaMatta, *Carnavais, malandros e heróis*, op. cit., pp. 74-75.

os nossos rituais são analisados e compreendidos a partir da oposição entre a casa e a rua e se distinguem entre si na forma e no modo específico de lidar com esse antagonismo. Assim, a procissão religiosa teria sua peculiaridade no fato de precisamente permitir, durante um breve instante, a supressão mesma da dicotomia casa/rua. O santo, para o qual a procissão é realizada, se "eleva" acima da dicotomia, suspendendo suas lealdades e sentimentos respectivos, criando, por alguns instantes, uma lealdade específica, sintetizadora, em relação a um novo campo de ação: o do sagrado.

Na parada militar, por oposição, o mundo das casas não é irmanado na devoção ao santo comum, mas é de certa forma "invadido" pelo Estado, que "recruta" e hierarquiza seus membros sob a forma de participantes humildes (os soldados), diferenciados (as autoridades) ou meros espectadores (o povo indiferenciado e tornado massa). O carnaval, por sua vez, teria sua singularidade no fato de que a rua se tornaria casa por alguns dias. Uma casa que celebra em praça pública o mundo da "cintura para baixo", o qual em dias normais é escondido dentro de casa; uma casa que torna seguro (*sic*) o ambiente desumano de competição hostil que caracterizaria a rua. Ao mesmo tempo, a rua transformada em casa subverte tanto o código (hierárquico) da rua quanto da própria casa. Daí o carnaval ser uma perfeita inversão da realidade brasileira: é uma festa sem dono num país que tudo hierarquiza.[7]

No entanto, é apenas no ensaio denominado *Você sabe com quem está falando?* que encontramos uma condensação de todos os aspectos desenvolvidos na interpretação "damattiana" da realidade brasileira. O ritual autoritário de *Você sabe...* é um ritual cotidiano ao contrário dos anteriores, do cotidiano hostil da rua, bem entendido, e no qual qualquer brasileiro, mesmo aquele que não brinca carnaval, não assiste a paradas militares ou acompanha procissões religiosas se reconhece facilmente.

---

7 *Ibidem*, p. 116.

Para DaMatta, o *Você sabe...* põe a nu e revela à luz do dia um traço que o brasileiro não gosta e prefere esconder. Afinal, o que viria à tona aqui não seria mais a nossa celebrada e carnavalizada cordialidade, mas, ao contrário, o verdadeiro e profundo "esqueleto hierarquizante de nossa sociedade".[8] Esse ponto é absolutamente fundamental tanto para o argumento do autor quanto para a crítica que faremos mais adiante. É que, ao contrário da análise dos outros rituais extracotidianos, o *Você sabe...* condensa e unifica todos esses aspectos e lança a questão central da articulação e hierarquização específica de todos esses elementos. Afinal, como se combinam indivíduo e pessoa ou casa e rua? Qual é o elemento dominante e qual o subordinado?

DaMatta não responde a essa questão de forma clara. Ele muitas vezes prefere enfatizar o componente aberto dessa competição entre princípios de organização social, o que de resto, na sua visão, permitiria caracterizá-la como o âmago mesmo do "dilema brasileiro".[9] No entanto, uma análise atenta permite coletar uma série de indícios interessantes para nossos propósitos. As palavras "esqueleto" e "núcleo" que DaMatta usa constantemente para se referir ao componente hierárquico da formação brasileira são sintomáticas. Afinal "esqueleto" ou "núcleo" referem-se a alguma coisa escondida, a qual não seria imediatamente visível como a pele ou a superfície que os recobre, mas que nem por isso deixa de ser mais importante e mais substancial que o componente exterior.

E é precisamente essa mesma lógica que uma análise sistemática do ritual do *Você sabe...* nos mostra. Senão, vejamos. O ritual do *Você sabe...* envolve sempre uma oposição entre um dado, ao mesmo tempo mais visível e mais superficial — posto que o elemento universalizante e igualitário seria o único discurso oficial e legítimo —, e um compo-

---

8 *Ibidem*, p. 142.
9 Veremos mais adiante que essa atitude é a raiz daquilo que vamos criticar como "concretismo fora de lugar". *Ver* nota 22.

nente mais profundo e menos visível — posto que não precisaria ser falado —, mas que é o componente mais decisivo e eficaz do drama social em questão, na medida em que resolve o conflito e restaura a paz hierárquica ameaçada.

É este último elemento, portanto, que DaMatta chama de "esqueleto" ou "núcleo" hierárquico, o elemento que atualizaria a gramática social mais profunda de uma sociedade como a brasileira. É a sua desagradável aparição no cotidiano que restaura a paz hierárquica perturbada por quem levou a sério o princípio igualitário e teve que ser lembrado "do seu lugar". O ritual é "desagradável" precisamente porque verbaliza o que não deveria ser dito para ser eficaz, quebrando, assim, o pacto silencioso e cordial de uma sociedade em que cada um efetivamente deve conhecer o "seu lugar".

> No drama do "você sabe com quem está falando?" somos punidos pela tentativa de fazer cumprir a lei ou pela nossa ideia de que vivemos num universo realmente igualitário. Pois a identidade que surge do conflito é que vai permitir hierarquizar. [...] A moral da história aqui é a seguinte: confie sempre em pessoas e em relações (como nos contos de fadas), nunca em regras gerais ou em leis universais. Sendo assim, tememos (e com justa razão) esbarrar a todo momento com o filho do rei, senão com o próprio rei.[10]

Assim, e esse ponto é absolutamente fundamental tanto para a compreensão do argumento do autor quanto para a crítica que será feita adiante, é o elemento pessoal que é visto como dominante em relação ao elemento abstrato, legal, que se refere ao mundo dos indivíduos indiferenciados. Mas como eles se articulam? Até onde a validade parcial do elemento impessoal tem alguma eficácia? Como se dá a combinação específica entre os dois princípios? É como se tivéssemos duas bases através das quais pensássemos o nosso sistema. No caso das leis gerais

---

10 Roberto DaMatta, *Carnavais, malandros e heróis, op. cit.*, p. 167.

e da repressão, seguimos sempre o código burocrático ou a vertente impessoal e universalizante, igualitária, do sistema. Mas no caso das situações concretas, daquelas que a "vida" nos apresenta, seguimos sempre o código das relações e da moralidade pessoal, tomando a vertente do "jeitinho", da "malandragem" e da solidariedade como eixo de ação. Na primeira escolha, nossa unidade é o indivíduo; na segunda, a pessoa. A pessoa merece solidariedade e um tratamento diferencial. O indivíduo, ao contrário, é o sujeito da lei, foco abstrato para quem as regras e a repressão foram feitas.[11]

De acordo com essa ótica, a lei geral e abstrata teria uma validade de primeira instância. Afinal, ela pressupõe uma igualdade de "partida" que bem pode ser confirmada como verdadeira no ponto de "chegada", ou seja, nos casos concretos do dia a dia e no cotidiano de todos nós. No entanto, na ocorrência de conflito, o caso concreto obedeceria a outros imperativos que não àquele da lei geral. Precisamente aqui entraria o componente das relações pessoais, do "capital" que se acumula em termos de contato e influência. Seria como se as relações pessoais entre nós desempenhassem o papel do judiciário nos países individualistas e igualitários. Como cabe ao poder Judiciário precisamente dirimir conflitos a partir dos casos concretos, teríamos, no nosso caso específico, uma resolução "informal", sem burocracia e rápida: através da "carteirada", do jeitinho, da ameaça velada e do "você sabe com quem está falando?". No caso concreto não aplicamos a lei geral ao caso específico, mas a força relativa de nossas relações pessoais. Em outras palavras, ou melhor, nas palavras do próprio autor: o "você sabe..." permite estabelecer a pessoa onde antes só havia o "indivíduo".[12]

Esse tipo de solução é extremamente problemática do ponto de vista da fundamentação teórica do dualismo proposto por DaMatta. Afinal, levada às suas últimas consequências essa solução implica afirmar que

---

11 *Ibidem*, p. 169.
12 *Ibidem*, p. 170.

os brasileiros se comportam de um modo inverso aos estímulos das instituições sociais fundamentais como Estado e mercado. DaMatta leva ao paroxismo o "déficit sociológico" que habita o culturalismo brasileiro desde seus inícios: o comportamento prático das pessoas é explicado por "heranças culturais" misteriosas sem qualquer relação com as instituições que, na realidade, comandam nossa vida. Esse "déficit conceitual" não é fácil de se criticar posto que DaMatta vincula habilmente a autoimagem folclórica do brasileiro sobre si mesmo com análises concretas de rituais facilmente observáveis na realidade cotidiana. Ou seja: como o "senso comum" não percebe a ação das instituições na nossa vida — já que nascemos sob a égide delas e, portanto, a "naturalizamos" como o fato de o sol nascer todos os dias — nosso culturalismo superficial e conservador faz o mesmo, duplicando nos seus conceitos as ilusões e a fragmentação da consciência do senso comum.

Mais ainda. Como não se percebe a eficácia das instituições, não se percebe também o que temos de similar com outras sociedades modernas, o que só facilita o "conto de fadas" do Brasil como uma sociedade pré-moderna, do favor pessoal, da corrupção e do personalismo das relações pessoais. Como povo colonizado — e uma "ciência" servil que reproduz em pensamento essa colonização de fato — e que, portanto, idealiza sociedades estrangeiras, imagina também que existam, de fato, sociedades onde relações pessoais não envolvam privilégios. A evidência e eficácia desse tipo de discurso são enormes em um povo que desde sempre se viu como inferior. Esse ponto é fundamental: o verdadeiro pressuposto do culturalismo dual damattiano é a existência anterior, na cabeça de todo brasileiro, de uma oposição entre a imagem rebaixada do povo brasileiro; e uma imagem colonizada, basbaque, servil e acrítica dos Estados Unidos. Ou seja, a eficácia da interpretação de DaMatta pressupõe a imagem criada por Buarque e Faoro e implementada pela imprensa elitista desde então todos os dias.

O dualismo engendrado pelas noções de indivíduo e pessoa como a base do que DaMatta chama de "dilema brasileiro"[13] foi desenvolvido ao longo das décadas de 1980 e 1990, seja em trabalhos de divulgação,[14] seja em livros como *A casa e a rua*, onde a dimensão espacial da dualidade ganha proeminência e é analisada em maior detalhe. Eu gostaria de continuar a discussão em dois passos: 1) primeiro, desenvolvendo uma apreciação crítica da perspectiva damattiana; 2) depois, procurar reconstruir uma resposta alternativa às questões deixadas em aberto pelo esquema damattiano.

Inicialmente, vamos nos deter na própria ideia de sociedade e teoria social às quais, segundo o próprio autor, são subjacentes à sua análise. No livro *A casa e a rua*, encontramos a seguinte definição:

> A ideia de sociedade que norteia esse livro, portanto, não é aquela da sociedade como um conjunto de indivíduos, com tudo o mais sendo mero epifenômeno ou decorrência secundária de seus interesses, ações e motivações. Ao contrário, sociedade aqui é uma entidade entendida de modo globalizado. Uma realidade que forma um sistema. Um sistema que tem suas próprias leis e normas. Normas que, se obviamente precisam dos indivíduos para poderem se concretizar, ditam a esses indivíduos como devem ser atualizadas e materializadas.[15]

Esse texto nos interessa de perto porque DaMatta assume uma posição clara contra uma ciência social subjetivista que pretende reduzir a complexidade social às intenções individuais dos agentes. É, como vimos, uma crítica correta e bem-feita. Segundo essa concepção de sociedade, tem-se que buscar no próprio sistema social as leis e nor-

---

[13] O dualismo, às vezes, é interpretado como um esquema tripartite também, onde além da casa e da rua teríamos o "outro mundo". Roberto DaMatta, *A casa e a rua*, op. cit., p. 68.
[14] Roberto DaMatta, *O que faz o brasil, Brasil?*, Rio de Janeiro, Rocco, 1999.
[15] Roberto DaMatta, *A casa e a rua*, op. cit., p. 15.

mas que explicam o comportamento dos indivíduos que a compõem. Deve-se procurar descobrir, portanto, a "gramática social profunda" da sociedade em questão, a qual é sempre, em grande parte, inconsciente ou inarticulada na consciência dos indivíduos que a compõem, para que possamos interpretar o comportamento destes e a lógica profunda da própria sociedade.

Vimos que, segundo DaMatta, essa gramática social profunda no caso brasileiro apresenta uma peculiaridade: ela é dual (ao contrário da dos Estados Unidos, por exemplo, que seria unitária) e composta por dois princípios antagônicos, o indivíduo das relações impessoais, e a pessoa das relações de compadrio e de amizade. Vejamos com cuidado os pressupostos desses dois tipos de relações sociais. Sabemos que em sociedades modernas os dois poderes impessoais mais importantes são o Estado e o mercado capitalista. Essas são também as instituições que DaMatta tem em mente quando se refere ao mundo competitivo, hostil, das regras gerais e impessoais associadas à competição capitalista e ao aparelho repressivo do Estado. Em oposição a este, teríamos o mundo da casa, onde as relações se regem pela afetividade e todos são supercidadãos. Esse seria o lugar onde os brasileiros se sentiriam bem e onde poderiam desenvolver sua decantada cordialidade.

Existe, no entanto, um problema básico nesse quadro, à primeira vista bem arrumado, que precisaria ser detalhado: qual é o conjunto de regras ou normas que explica e constitui a articulação entre esses dois mundos? Se DaMatta pretende explicar as normas e regras sociais últimas que esclareçam nossa singularidade, então a forma de articulação entre esses dois princípios tem que ser explicada. A dualidade enquanto tal é uma simples aporia. Sem estar determinada nas suas regras ela pode ser usada *ad hoc*, para o esclarecimento de um sem-número de questões, em que, às vezes, um princípio é mais importante, outras vezes, o outro assume a primazia. Mas, nesses casos, há que se perguntar: o que faz com que precisamente nessa situação um ou outro princípio seja mais ou menos eficiente? Essa questão nunca é respondida por DaMatta. O último horizonte explicativo é sempre uma dualidade indeterminada que varia ao sabor das situações concretas examinadas. É precisamente porque ela não é determinada e explicitada que, no lugar não preenchido por uma explicação adequada, entra, necessariamente, a percepção de senso comum que reproduz os preconceitos do mundo. É isso que faz a ciência culturalista damattiana tão superficial e tão conservadora: ela reproduz o senso comum que deveria criticar.

A ideia de uma gramática social profunda só tem sentido se for possível determinar a hierarquia material e valorativa que preside a institucionalização de estímulos seletivos para a conduta dos indivíduos que a compõem. Essa seletividade, por sua vez, exige a consideração da variável do poder relativo de grupos e classes envolvidos na luta social por hegemonia ideológica e material, ou seja, exige que o tema do poder e da luta pelo poder e hegemonia social seja tematizado.

Desse modo, para absolutamente todos os clássicos da sociologia que lidaram com a questão da institucionalização diferencial de valores e concepções de mundo, pensadores tão diferentes como Max Weber, Norbert Elias ou Pierre Bourdieu, a questão de se determinar a hierarquia de valores que logra comandar uma sociedade específica exige a articulação da relação entre valores e estratificação social. Afinal, é a imbricação entre domínio material e ideológico e acesso diferencial a bens ideais ou materiais escassos que cumpre esclarecer.

Nesse sentido, para todos os autores citados anteriormente, a vinculação entre concepção de mundo (no sentido de conjunto articulado de normas e valores) e estratos sociais que servem de *suportes* a essas concepções de mundo é fundamental. Aqui não se trata da causalidade materialista marxista a qual reintroduz por outros meios a noção de subjetividade individual transformada, agora, em "sujeito coletivo" com consequências deletérias para a análise social.[16] A noção de *suporte*

---

16 Refiro-me aqui às aporias que marcaram boa parte do assim chamado "marxismo ocidental", antes de tudo, presentes na obra de Georg Lukács. *Ver especialmente* Georg Lukács, *Geschichte und Klassenbewußtsein*, Darmstadt, Ed. Westdeutsche, 1988.

social de valores e normas refere-se, ao contrário, a processos não intencionais sem sujeito através dos quais grupos e classes identificam-se com valores e são ao mesmo tempo perpassados e dirigidos por eles na dinâmica social.[17]

Isso era precisamente o que DaMatta dizia que a ciência social deveria ser, ou seja, um esforço para ir além da intencionalidade individual, como vimos em citação do próprio autor. Mas isso exigiria superar o subjetivismo e tentar perceber como a dinâmica coletiva influi no comportamento individual. Mas nós não encontramos classes e grupos sociais na obra de Roberto DaMatta. O tema da estratificação social e sua relação com valores desempenha um papel, na melhor das hipóteses, marginal no seu esquema explicativo. Na reflexão de DaMatta, nós encontramos apenas indivíduos e "espaços" sociais.

Minha hipótese nesse texto é que isso impede precisamente que ele tenha acesso à gramática social da sociedade brasileira como definida por ele próprio anteriormente. É que, desvinculada de uma teoria da estratificação social que explique como e por que esses valores e não outros quaisquer lograram institucionalizar-se, toda a temática da relação com valores torna-se externa e indeterminada. Valores passam a ser concebidos como alguma coisa que existe independentemente de sua institucionalização, agindo de forma misteriosa sobre indivíduos e espaços sociais. Vejamos alguns exemplos.

> Quando, então, digo que "casa" e "rua" são categorias sociológicas para os brasileiros, estou afirmando que, entre nós, estas palavras não designam simplesmente espaços geográficos ou coisas físicas mensuráveis,

---

[17] A noção que explica essa relação em Weber é a de "paradoxo das consequências". Para uma excelente discussão desse aspecto da obra weberiana, *ver* Gabriel Cohn, *Crítica e resignação*, São Paulo, Queiroz, 1979. Em Elias o conceito central nesse tema é o de "mecanismo" (por exemplo, o mecanismo de descentralização, base do feudalismo europeu) para indicar uma necessidade sistêmica independentemente da intencionalidade dos grupos e classes que sofriam sua influência. Ver Norbert Elias, *Über den Prozeß der Zivilisation*, vols. I e II, Berlim, Suhrkamp Verlag, 1991. Especialmente o volume II.

mas acima de tudo entidades morais, esferas de ação social, províncias éticas dotadas de positividade, domínios culturais institucionalizados e, por causa disso, capazes de despertar emoções, reações, leis, orações, músicas, e imagens esteticamente emolduradas e inspiradas.[18]

Para o autor, portanto, casa e rua não são apenas "espaços" antagônicos e relacionados, mas também "esferas de ação social" específicas. Existem em cada uma dessas esferas valores e ideias-guia específicas que guiam ou influenciam o comportamento dos agentes em determinada direção em cada caso. Sabemos também que, para DaMatta, esses valores, em um caso, apontam para uma concepção de mundo impessoal que enfatiza a igualdade e a competição entre iguais, e no mundo da pessoa, teríamos o reino dos sentimentos, do particular portanto, e de uma hierarquia baseada na afeição (que é sempre gradativa e particular).

O que passa então a ser imediatamente problemático é explicar a própria possibilidade de existência desses espaços tão antagônicos. DaMatta, quando enfrenta a questão, faz referência, todas as vezes, à obra de Max Weber e às discussões desse autor acerca do tema das éticas sociais dúplices ou múltiplas típicas de sociedades tradicionais ou semitradicionais.[19] Isso é, sem dúvida, correto. Faz parte da interpretação weberiana do desenvolvimento ocidental precisamente demonstrar como havia a necessidade de se explicar o aparecimento de uma ética unitária dentro do contexto da própria concepção de mundo tradicional e religiosamente motivado. A rápida expansão no alvorecer da modernidade da ética ascética protestante, com sua concentração a objetivos intramundanos e singularizados, e não mais dúplices ou contraditórios, ajuda, sem dúvida, a explicar o enorme impulso que essa ideia representou para o progresso material da cultura ocidental.

---

18 Roberto DaMatta, *A casa e a rua*, op. cit., p. 17.
19 Max Weber, *Die protestantische Sekten und der Geist des Kapitalismus*, Munique, C.H. Beck, 2011, pp. 98, 69, 52, 50. Ou ainda, Roberto DaMatta, *Carnavais, malandros e heróis*, op. cit., p. 178.

No entanto, como a bela metáfora do manto do santo que se transforma em gaiola de ferro, ao final da *Ética protestante e o espírito do capitalismo*, Weber nos lembra que nós, habitantes do mundo impessoal moderno, podemos abdicar desse incentivo subjetivo. Os homens religiosos do alvorecer da modernidade tinham a possibilidade de escolher se seguiriam uma ética múltipla tradicional ou se optariam pela ética única da nova religião. O fato de nós, modernos, não termos mais essa opção significa para Weber que as instituições impessoais do capitalismo moderno, principalmente mercado competitivo e Estado burocrático, criam estímulos para a conduta individual que não estão mais à disposição da volição dos agentes. Nós somos, em grande parte, até em nossas emoções mais íntimas, produto das necessidades da reprodução institucional de Estado e mercado. É a esse fato fundamental que Weber quer apontar com o uso de suas metáforas mais conhecidas como "gaiola de ferro" ou de "destino" para designar o efeito dessas instituições nos indivíduos.

Aqui não se trata apenas de uma visão weberiana. Todos os grandes clássicos da sociologia estão de acordo nesse ponto. Para um pensador como Georg Simmel, por exemplo, o domínio do mercado como instituição fundamental do mundo moderno, ou, nas suas palavras, o advento da economia monetária, significa uma redefinição da consciência subjetiva individual de enormes proporções. As noções básicas de tempo e espaço se modificam, e com elas se modificam também toda a economia emocional, a vida afetiva individual e recôndita de cada um de nós; como a forma da atração sexual entre os dois sexos; a necessidade de distanciamento interno e externo que os contatos impessoais da vida nas metrópoles exigem; a entronização do princípio da calculabilidade como alfa e ômega da personalidade individual; a indiferença e o sentimento "*blasé*" como emoções típicas da indiferenciação qualitativa operada pelo dinheiro transformado em meio universal de troca etc.[20]

---

20 Para uma introdução ao pensamento simmeliano e para o estudo de sua abordagem dos efeitos da economia monetária sobre a personalidade individual, ver o conjunto de textos da coletânea. Ver Jessé Souza e Berthold Oelze (orgs.), *Simmel e a modernidade*, Brasília, Editora UnB, 1998 e 2014.

Não só a economia, mas também o Estado, é um poderoso elemento transformador da vida individual. Talvez ninguém melhor do que Norbert Elias tenha tido tanta consciência desse fato. Para Elias, o Estado moderno, com o seu monopólio da violência física na sociedade, é apenas a ponta mais visível de um desenvolvimento milenar nas formas de exercício da dominação política, cujo pressuposto é uma completa modificação da psique individual. Ao invés do controle externo, a partir da ameaça do mais forte, o Estado moderno pressupõe controle interno e competição pelos bens escassos por meios mais ou menos pacíficos.

Elias demonstra, em seu livro mais clássico, como o processo de centralização do Estado moderno com seu aparato jurídico baseado em leis gerais e monopólio da violência é concomitante à transformação do aparelho psíquico individual no sentido da formação de uma economia emocional específica, com um Id tornado inconsciente, onde as emoções e desejos agora impossíveis de serem vividos se concentram e são reprimidos; e um superego, encarregado, agora, da instância interna ao próprio mecanismo psíquico individual, pela repressão, sublimação e reorientação de manifestações percebidas como antissociais. Para Elias, toda a estrutura da psique individual como vista por Freud seria o resultado (e pressuposto) histórico das modificações introduzidas pelo Estado moderno e por seu aparato de regulação social.

Desse modo, os poderes impessoais que criam o "indivíduo" não limitam sua extraordinária eficácia ao mundo da rua. Eles entram dentro da casa de cada um de nós e nos diz, em grande medida, como devemos agir, o que devemos desejar e como devemos sentir. Ao contrário do que supõe a dualidade damattiana, os poderes impessoais (que criam o "indivíduo") do mercado e Estado não são instituições que exercem seus efeitos em áreas circunscritas e depois se ausentam nos contatos face a face da vida cotidiana. Eles jamais se ausentam e na verdade penetram até nos mais recônditos esconderijos da consciência de cada um de nós. A dualidade damattiana pressupõe a perda da eficácia específica das instituições que criam o mundo moderno. O vínculo fundamental entre eficácia institucional e predisposição valorativa individual não é levado em conta no raciocínio damattiano. Os valores são percebidos como tendo existência independente da vida institucional.

Desligando a dinâmica valorativa social tanto de uma relação com a estratificação social quanto da referência à eficácia institucional, pode então DaMatta referir-se a indivíduos que se contrapõem em "espaços" sociais distintos os quais carecem de qualquer determinação estrutural. Vejamos as consequências desse fato para o conceito de cidadania, como construído por DaMatta:

> Se no universo da casa sou um supercidadão, pois ali só tenho direitos e nenhum dever, no mundo da rua sou um subcidadão, já que as regras universais da cidadania sempre me definem por minhas determinações negativas: pelos meus deveres e obrigações, pela lógica do "não pode" e "não deve".[21]

Aqui, observamos que as duas lógicas antagônicas conduzem a um curto-circuito sociológico ao equalizar esferas de ação a "espaços" específicos.[22] Desse modo, supercidadania e subcidadania tornam-se uma variável dependente do "espaço" social onde me encontro. Seria razoável supor que uma operária negra e pobre da periferia de São Paulo, a qual depois de trabalhar o dia inteiro e ter efetivamente fartas experiências de subcidadania na "rua", ao chegar em casa e apanhar e ser estuprada pelo marido em "casa", fatos "naturais" no cotidiano das classes excluídas do Brasil, sente-se como supercidadã?

---

21 Roberto DaMatta, *A casa e a rua*, op. cit., p. 100.

22 Essa mesma crítica de um "concretismo fora de lugar" foi feita ao Habermas da década de 1960 pela sua oposição não mediada entre ação estratégica e ação interativa como correspondendo a "espaços" sociais distintos. Durante toda a década de 1970, Habermas procurou uma articulação entre os níveis da ação social e da ordem social de modo a precisamente esclarecer essa relação. O resultado dessas investigações redundaram no seu *Teoria da Ação Comunicativa* de 1981. Ainda sobre a *"fallacy of misplaced concreteness"*, ver Talcott Parsons, *The Structure of Social Action*, Nova York, Free Press, 1968, pp. 29, 589, 753.

Todos sabemos que não apenas as mulheres negras e pobres, mas todos os grupos sociais oprimidos enfrentam situações de subcidadania *independentemente* do lugar ou do "espaço social" onde se encontram. A não referência à estratificação social de acordo com classes e grupos específicos cria uma ilusão de "espaços" com positividade própria, obrigando DaMatta a apelar para explicações subjetivistas que ele próprio havia condenado como má sociologia.

Mas não apenas isso. Ao não perceber de que modo o mundo das instituições comanda nossa vida e nossas escolhas, DaMatta não percebe também a verdadeira explicação para a "hierarquia social" concreta que era precisamente o que ele desejava compreender. Quando DaMatta diz que o Brasil é o país do "jeitinho", ele quer dizer que é o país onde o acesso a relações pessoais "poderosas" constrói a hierarquia social. Ao definir a questão mais essencial de qualquer sociedade — posto que define e separa o "superior", prestigioso, de "bom gosto" do inferior e vulgar — pelo seu elemento mais superficial, DaMatta, na realidade, "esconde" as verdadeiras causas da desigualdade e do privilégio injusto. É que a hierarquia social de qualquer sociedade moderna só pode ser compreendida a partir de sua contribuição à reprodução das duas instituições mais importantes do mundo moderno: mercado e Estado, ou seja, precisamente as realidades que, como vimos antes, DaMatta não leva em consideração.

Se ampliarmos a ideia de "capital" de sua conotação meramente econômica, como apresenta Marx, para tentarmos englobar tudo aquilo que pré-decide o acesso a todos os bens e recursos escassos que cada um de nós deseja nas 24 horas do dia, acordado ou dormindo, poderemos chegar a uma hierarquia bem mais convincente daquela criada por DaMatta. Essa hierarquia é, antes de tudo, "impessoal", e não "pessoal", como imagina DaMatta. É impessoal por várias razões. A primeira e mais importante é que se impõe à vontade individual. Por exemplo, no mercado, até o homem mais rico do mundo tem que "obedecer" às leis do mercado que não escolhem "pessoas" e se impõem de modo "impessoal" a todos indistintamente. Isso significa em segundo lugar que só existe acesso a "relações pessoais de prestígio" para quem já possui acesso aos capitais impessoais, e não o contrário, como imagina DaMatta.

Quais são esses "capitais impessoais" mais importantes e que decidem acerca do sucesso e do fracasso de cada um de nós, não só no mercado e no Estado, mas em todas as "esferas da vida"? Seguindo, neste particular, Pierre Bourdieu, nós gostaríamos de defini-los como "capital econômico" e "capital cultural". O capital econômico é de mais fácil percepção e reflete um elemento decisivo para a reprodução tanto do mercado quanto do Estado. Quem detém capital econômico também detém, quase sempre, também "capital social", ou seja, aquilo que DaMatta define como "jeitinho", ou "relações privilegiadas". Além do capital econômico e do capital social, existe também o "capital cultural", refletindo a extraordinária importância do acesso ao "conhecimento" no capitalismo moderno. Na prática, não existe função tanto no mercado quanto no Estado que não exija certo tipo de conhecimento, seja ele "técnico", do engenheiro, do advogado ou do economista, seja ele "literário", do jornalista, do publicitário, do relações-públicas.

Como sem "conhecimento útil" não existem fisco nem administração da justiça no Estado, nem inovação técnica ou qualquer serviço especializado no mercado, as classes sociais detentoras de "capital cultural valorizado" ocuparão, com as classes que monopolizam o capital econômico, todas as funções "superiores" na sociedade. São essas funções que possibilitam o acesso privilegiado não só a bens materiais como carros, viagens e casa bonita, mas também a bens simbólicos, como prestígio, "charme", influência, acesso a parceiros sexuais etc. Ou seja, é o acesso a esses "capitais impessoais" que podem realmente explicar o acesso privilegiado a literalmente tudo que todos nós mais desejamos na vida. Eles "pré-decidem" nossa sorte, nosso azar, nosso sucesso, nosso fracasso.

Mais ainda. São esses capitais impessoais que "pré-decidem", também, quem vai ter ou não acesso ao terceiro capital fundamental da vida de todos nós: o "capital social", ou, na linguagem de DaMatta, o "jeitinho", o acesso a relações poderosas. O leitor e a leitora não conhecem, certamente, quem quer que seja que tenha acesso a "relações poderosas", sem, *antes disso*, ser detentor de capital econômico e/ou capital cultural. Ou você conhece, caro leitor e cara leitora? Aposto que não.

Normalmente, inclusive, todos esses capitais andam juntos, ainda que em proporção variável. Em uma medida significativa, portanto, o acesso ao "capital social" é "derivado" dos capitais impessoais. Ele é, nesse sentido, "secundário" em relação a eles. Quando DaMatta diz que o Brasil é o "país do jeitinho", ou seja, do acesso a relações pessoais poderosas que compõem o "capital social", ele está, na verdade, *escondendo* a questão principal para a crítica de qualquer sociedade moderna concreta que é o desvelamento dos mecanismos que eternizam o acesso privilegiado de alguns grupos e classes aos capitais impessoais, seja ele econômico ou cultural. Se o próprio acesso a relações pessoais poderosas pressupõe o acesso aos capitais impessoais, são estes que devem ser primariamente estudados na sua lógica quando a questão é compreender a hierarquia social e sua dinâmica "profunda", como pretende DaMatta.

A questão aqui seria perceber por que as classes do "espírito", as classes médias verdadeiras que se apropriam de capital cultural por meio de privilégios nunca tematizados em abordagens conservadoras, são percebidas como superiores às classes do "corpo", que possuem incorporação mínima de capital cultural. São os capitais impessoais, como o capital cultural e sua apropriação por meio de privilégios injustos, que se eternizam no tempo, que condenam à desclassificação social e à miséria tantos brasileiros que se tornam condenados a vender sua força de trabalho por preço pífio. A classe média verdadeira se apropria de capital cultural valorizado ao "comprar" o tempo de estudo dos filhos, que podem, ao contrário das classes populares, apenas se dedicar ao estudo. Esse tempo precioso, por sua vez, é "roubado" dos nossos excluídos que faxinam, fazem a comida e cuidam das casas de classe média poupando tempo precioso à classe média, que pode reinvesti-lo para reproduzir de modo ainda mais profundo seus privilégios de nascimento.

Quando apenas se atenta para o "capital social" de relações poderosas, o folclórico "jeitinho", então todas essas questões que perfazem o fulcro e a substância da dominação social no Brasil se perdem em análises que se assemelham ao moralismo mais rasteiro do senso comum. O pensador culturalista brasileiro, colonizado até o osso, não só espalha o preconceito do "brasileiro corrupto", construção utilizada para inferiorizar, com meios pretensamente científicos, as sociedades ditas em desenvolvimento, como se não houvesse corrupção sistemática em todos os países capitalistas.

A "cereja do bolo" deste quadro pseudocrítico da sociedade brasileira é a ideia de que existem sociedades sem "jeitinho", ou seja, sem influência de relações pessoais poderosas decidindo o destino de pessoas concretas, muito especialmente nessa sociedade de conto de fadas para crianças que são os Estados Unidos para nossos liberais conservadores. Os Estados Unidos seriam a sociedade da *accountability*, da confiança interpessoal, do respeito à lei impessoal e da igualdade como valor máximo. Tudo como se o policial americano não batesse com mais força no latino e nos negros pobres, como se o governo "na mutreta" e sem assumir não espionasse aliados e inimigos, como se o eufemismo da "desregulação do mercado financeiro" — o que é afinal "desregular" se não abdicar de qualquer controle intencionalmente — não fosse a senha para a corrupção aberta por meio de mecanismos financeiros com um só ganhador: os bancos americanos que se apropriam por meios frequentemente duvidosos do excedente econômico do planeta inteiro. O interesse aqui não é obviamente praticar antiamericanismo, sentimento do qual estou a anos-luz de distância, é apenas irritação contra esse tipo de admiração basbaque, infantil de tão cândida, com relação a sociedades tão imperfeitas e dignas de crítica quanto qualquer outra sociedade humana existente.

De resto, a sociologia "relacional" damattiana parece retirar sua evidência menos da conscientização dos pressupostos valorativos subjacentes à nossa cultura e que não haviam sido percebidos até então, como ele próprio supõe, mas precisamente do fato contrário: do fato de permitir a sistematização da imagem do senso comum, precisamente da "ideologia", criada pelo bombardeio incessante de uma mídia elitista, venal e corrupta, do brasileiro médio acerca de si próprio. Ideologia essa cuja pseudocrítica antiestatal serve apenas para desviar a atenção aos verdadeiros desafios de uma das sociedades mais desiguais e injustas do globo.

PARTE II

A ciência e o racismo global: sociedades honestas *versus* sociedades corruptas

4. O RACISMO CIENTÍFICO COMO JUSTIFICAÇÃO DO IMPERIALISMO

Talcott Parsons e a teoria da modernização

Vimos a partir da análise da obra de quatro dentre os mais importantes pensadores brasileiros do século XX — Gilberto Freyre, Sérgio Buarque, Raymundo Faoro e Roberto DaMatta —, a formação do pensamento social brasileiro hoje dominante e hegemônico. Com exceção, ainda assim apenas parcial, de Freyre, o culturalismo brasileiro é um ataque elitista e racista contra o próprio povo, criminalizando a participação popular, tornando invisível o saque elitista e perpetuando com novas máscaras "moralistas" os piores preconceitos. São interpretações que contribuem decisivamente para legitimar e perpetuar a desigualdade brasileira abissal. Uma inteligência a serviço da elite, tanto doméstica quanto internacional, e de sua dominação. E, o mais incrível: comprada por todos, da direita à esquerda, como uma teoria "crítica" da sociedade. Criticar essa inteligência colonizada e servil, que criou nossa "ideia de nós mesmos" hegemônica, é fundamental, portanto, para transformar o Brasil na prática.

De qualquer modo, essa interpretação hegemônica não é apenas brasileira. Ao contrário, é global e planetária. Acompanha as necessidades de legitimação de uma dominação global que surge com um imperialismo de novo tipo, informal, científico, cultural e de consumo de massas: o imperialismo americano. Nesse sentido, a interpretação dominante servil e "vira-lata" do Brasil vai ser o reflexo, invertido no espelho, da interpretação realizada do mesmo modo superficial, elitista e racista, para legitimar o imperialismo americano. No mundo moderno, como vimos, cabe à "ciência hegemônica" realizar este trabalho.

Todas as formas de opressão, exploração e humilhação de seres humanos por outros foram, sem exceção, como vimos, baseadas em ideias. Como a violência física constante e direta é muito custosa, qualquer forma de dominação que pretenda se reproduzir no tempo tem que convencer o oprimido de sua própria inferioridade. Por outro lado, como nos lembra Weber, o opressor não quer apenas oprimir e humilhar, ele quer se saber "autorizado" e "com Direito" a este domínio por boas razões. Por conta disso, se os autores brasileiros que examinamos construíram uma interpretação hegemônica do país que, até hoje, legitima a opressão e humilhação da imensa maioria da população brasileira por parte de uma ínfima elite, o mesmo acontece na dimensão global.

E, como veremos logo a seguir, são precisamente as mesmas ideias utilizadas pela elite brasileira e pela classe média branca para oprimir o povo, que são também utilizadas pela elite mundial, sob o comando da elite americana, para o saque e a exploração sem peias do Sul global. Assim, do mesmo modo que a elite brasileira se percebe como "quase americana", e sua classe média branca importada da Europa, como "quase europeia", ambas pretensas portadoras do Direito, portanto, de saquear e explorar a "gentinha" mestiça, negra e pobre, que perfaz, em gradações variáveis, 80% do país, o mesmo acontece com as elites mundiais em relação ao Sul global.

Engana-se, portanto, quem imagina que a dominação mundial se dá na oposição dos países uns contra os outros, como, por exemplo, Brasil e Estados Unidos. Na realidade, passa a existir um acordo e uma divisão de trabalho da dominação, entre as elites metropolitanas e as elites periféricas, para a exploração de seus respectivos povos. É claro que os povos periféricos estão condenados à dupla exploração, enquanto os povos metropolitanos são comparativamente menos explorados. Mas a aliança é feita entre elites mundiais e periféricas e estas se utilizam exatamente das mesmas ideias para se convencerem do seu "Direito" ao mando, assim como convencerem os povos explorados de sua própria inferioridade.

Assim, depois da Segunda Guerra Mundial, o imperialismo "informal" americano, que abdica da intervenção militar direta em nome de um domínio econômico e cultural, vai se construir, antes de tudo, como um "campo científico". Como a ciência herda da religião o prestígio de dizer a verdade e determinar o justo, não pode existir qualquer forma de dominação moderna sem a legitimação científica da mesma. Assim, todas as elites mundiais serão formatadas segundo uma única visão de mundo a qual inspirará as artes, a indústria cultural, a imprensa, as redes sociais e todo o arcabouço simbólico do mundo prático. Quem imagina que a ciência fica nos livros e nas universidades está condenado à cegueira absoluta sobre tudo que importa no mundo social.

Um exemplo perfeito do que estamos dizendo aqui pode ser mostrado pela reconstrução da genealogia da assim chamada "teoria da modernização". A teoria da modernização foi o primeiro esforço coletivo coordenado e com alcance mundial que mobilizou gerações de pesquisadores para encontrar uma resposta ao desafio de compreender as causas do desenvolvimento diferencial entre as diversas sociedades existentes. Compreender a teoria da modernização vai nos ajudar a entender a justificação científica do "racismo prático", que desumaniza e inferioriza o Sul global, de modo a compreender como a esfera pública política, a imprensa, as artes e a indústria cultural, que são as instâncias que criam e manipulam a opinião pública das pessoas comuns, produzem um racismo cultural, "cientificamente" produzido, e tornado invisível enquanto tal. Esse racismo prático, no entanto, tem que ser legitimado cientificamente da mesma maneira que a vida prática das sociedades tradicionais tinha que ser legitimada religiosamente.

A ciência, globalmente dominante, vai abandonar a linguagem baseada nos estoques raciais, típica do século XIX, para começar a falar de estoques culturais, continuando a atribuir, no entanto, os mesmos defeitos e as mesmas virtudes das "raças" agora às "culturas". Essa será a linguagem da nova dominação do Norte global, sob o comando americano, para submeter o Sul global. Também será a linguagem das elites colonizadas do Sul global, como vimos no exemplo brasileiro, para colonizar o seu próprio povo.

O mesmo processo de legitimação dos interesses das elites mundiais no processo de dominação global foi adaptado pela inteligência vira-lata brasileira para dominar e desprezar o próprio povo. Faz parte da grande fraude intelectual e política fingir não só que o "racismo científico" estava superado, como também alegar que, agora, uma ciência popular e crítica estava nascendo. Uma mentira deslavada, na qual grande parte do país e de seus intelectuais acredita ainda hoje, e que precisa ser desconstruída nos seus vínculos internacionais e nacionais para mostrar a continuidade do racismo biológico com outras vestes.

A verdadeira diferença da ciência hegemônica de hoje para a ciência abertamente racista do século XIX é que há substituição dos "estoques raciais" pela noção de "estoques culturais" na explicação da questão fundamental acerca das causas dos diferentes níveis de desenvolvimento das sociedades efetivamente existentes. Esse discurso teve que ser construído como uma legitimação da dominação de algumas nações sobre outras, uma espécie de identidade regional positiva, criando o mito regional de um "Ocidente mítico", restrito à Europa Ocidental e aos Estados Unidos, que permitia legitimar a dominação do Norte global sobre o Sul global.

Quem logrou construir o exemplo mais eficaz desse novo racismo científico foram os Estados Unidos após a Segunda Guerra Mundial. O *timing* histórico da criação da chamada teoria da modernização é muito interessante para nossos fins. Ela se situa cronologicamente não apenas depois da Segunda Guerra Mundial, quando a hegemonia mundial americana é evidente, mas também coincide com os movimentos de libertação das antigas colônias do Sul global. Em boa medida, a teoria da modernização é uma resposta a esse novo desafio. Além disso, esse movimento também surge logo depois de experiências de modernização autônomas começarem a surgir no período entre guerras em vários dos países mais importantes da periferia do sistema capitalista mundial, como Turquia, Brasil, Argentina e México. Inclusive, o termo modernização foi utilizado pela primeira vez por Mustafa Kemal Atatürk, fundador da República da Turquia, cujo slogan dava ênfase à "modernização da Turquia", indicando, com isso, um processo consciente e dirigido de formação nacional.

Na realidade, esses processos espontâneos de modernização puderam ocorrer porque, no período entre guerras mundiais, o poder imperial hegemônico enfrentava um período de redefinição: a Inglaterra se mantinha como império decadente desde o fim da Primeira Guerra Mundial, enquanto os Estados Unidos ainda se mostravam em vários sentidos despreparados para assumir o comando hegemônico global. A possibilidade de um real desenvolvimento capitalista dos principais países periféricos estava ligada, portanto, à ausência temporária de um poder imperial hegemônico, o que permitia um espaço de ação significativo aos Estados desenvolvimentistas. Isso deixa de acontecer depois da Segunda Guerra Mundial, pois aí a hegemonia americana se estabelece. A partir daí, o desenvolvimento da periferia se torna impossível, com a única e apenas parcial exceção da Coreia do Sul e dos pequenos países asiáticos ligados à economia japonesa.[1]

Com o final da guerra e o novo reposicionamento americano como líder mundial incontestado, o quadro anterior muda radicalmente. Os Estados Unidos assumem o controle irrestrito do mundo capitalista e passam a se empenhar em construir o mundo material e simbólico que melhor se acomode aos interesses de sua classe dominante. A diferença mais marcante em relação ao imperialismo europeu anterior é a recusa do exercício de um imperialismo formalizado pela submissão política e militar explícita. É bem verdade que essa transição é fluida, já que

---

[1] Sam Gindin e Leo Panitch, *The Making of Global Capitalism*, Nova York, Verso, 2013.

o próprio domínio inglês anterior — e em parte até o francês — já se utilizava de elites nacionais domesticadas nos países dominados como seus prepostos e representantes dos interesses metropolitanos.

Esse é o contexto formador da teoria da modernização a partir do início dos anos 1950. A necessidade aqui é a de construir um arcabouço de legitimação simbólica e ideológica da nova dominação americana no mundo periférico, sobretudo no que se chama hoje em dia de Sul global. Vários interesses convergem para que essa empreitada se torne possível. Primeiro, do próprio governo americano a partir de Truman, com a ajuda decisiva de diversas fundações privadas, passa a financiar sistematicamente estudos para a "compreensão" do mundo subdesenvolvido. Fundações privadas como a Rockefeller, Ford e a Carnegie se tornam financiadores inesgotáveis de estudos especialmente na área de ciências sociais.[2]

É imensa a importância dos fatores simbólicos em jogo. Por isso, como essa forma de dominação pretende alcançar certa longevidade, é preciso que exista uma base material militar e industrial, e uma base simbólica acadêmica e hollywoodiana. Hollywood, cujos estúdios efetivamente passam a ter controle direto do Estado americano e de seus ramos estratégicos de espionagem, serviria como referência de toda uma nova indústria cultural, que surge naturalizando a suposta defesa do "mundo livre" em uma série de arquétipos e clichês culturais que passam a ser consumidos acriticamente pelo mundo inteiro.

A vertente acadêmica e a indústria cultural da nova dominação simbólica agem na mesma direção e no mesmo sentido, capturando ao mesmo tempo a cultura sofisticada do conhecimento universitário — que passará a formar e orientar crescentemente todas as elites mundiais — e a cultura popular dos filmes de grande bilheteria, das nascentes séries de TV e dos romances best-sellers — que passarão a influenciar

---

2 Nils Gilman, *Mandarins of the Future*, Baltimore, John Hopkins University Press, 2007.

as grandes massas. Basta que pensemos nas produções Disney, com o preguiçoso e malandro Zé Carioca, que se torna paradoxalmente um herói brasileiro, nos musicais de Carmem Miranda, ridicularizada com um chapéu de frutas na cabeça, ou nos faroestes com os mexicanos invariavelmente fazendo os papéis de criminosos não confiáveis — tudo isso representando os maiores preconceitos contra os povos do Sul global — caricaturas que passam a ser aceitas como naturais e óbvias pelos próprios povos ridicularizados.

Pensemos ainda em séries de cinema, como a franquia *007*, com a naturalização de todos os preconceitos e clichês culturais de países "bons e maus", que passam a subjugar inclusive os povos oprimidos pela dominação cultural subliminar contra a qual não possuem defesa. A nova violência simbólica americana, tanto na sua versão acadêmica quanto na sua versão da indústria cultural, assume o desafio de construir uma resposta alternativa convincente para os povos subdesenvolvidos e assim se contrapor ao desafio comunista.

O que estava em jogo era a construção de uma imagem da sociedade americana como modelo universal para o mundo do pós-guerra. Esse desafio foi enfrentado por Talcott Parsons, o mais importante cientista social americano do século XX por qualquer critério objetivo. Coube a ele distorcer e utilizar a força do pensamento weberiano para criar uma teoria social cujo objetivo maior era garantir a conformidade social internamente e justificar moralmente o protagonismo internacional americano na arena global.

O livro chave, que viria a se transformar no guia teórico de milhares de pesquisas ao redor do mundo todo ao longo das décadas seguintes, foi a obra conjunta, uma espécie de manifesto do Departamento de Relações Sociais construído por Parsons e seus amigos em Harvard, denominado *Toward a General Theory of Action*. A ideia geral que perpassa o livro é a de que a agência social — individual ou grupal —, de modo a não ser disruptiva para a sociedade, precisa se adequar às "expectativas de comportamento" criadas para cada um dos "papéis", cabendo aos sistemas culturais fornecer a justificação e a sanção moral para tais papéis, integrando-os sistematicamente. O ponto de partida conservador é óbvio: inadequação ou individualidade excessiva são patologias sociais, enquanto equilíbrio, homeostase e estabilidade são os indicadores de um corpo social sadio. Em resumo: o valor social mais alto é o conformismo e o maior valor político é a estabilidade. Não seria excessivo, certamente, defender que a teoria geral parsoniana tinha o intuito de "fabricar consenso" — como reconstruímos em mais detalhes em outro livro[3] —, de acordo com a visão de mundo da elite americana em seu próprio país e no mundo.

Mas o texto decisivo que compõe esse livro coletivo é o trabalho do próprio Talcott Parsons, em parceria com Edward Shills, acerca das famosas "variáveis padrão" (*pattern variables*). As *variáveis padrão* são um conjunto de pares dicotômicos de orientação valorativa, os quais são percebidos como partilhados coletivamente, permitindo, desse modo, a orientação dos atores sociais, ou seja, cada um de nós, em qualquer situação concreta. Essas variáveis padrão serviriam como uma espécie de "mapa social" para compreender a singularidade de qualquer sociedade específica. Afinal, quer saibamos disso refletidamente ou não, são valores específicos que guiam todo o nosso comportamento prático. Normalmente, na vida cotidiana, apenas agimos de modo automático e pré-reflexivo, ou seja, sem refletir sobre o que nos move e nos guia. Se refletirmos, veremos que valores específicos efetivamente comandam nosso comportamento.

Essas variáveis padrão seriam, portanto, uma espécie de explicitação dos "valores-guia" que comandam nosso comportamento prático na vida prática e cotidiana, quer tenhamos ou não uma consciência clara disso.

Os pares são os seguintes:

---

3 Ver Jessé Souza, *A guerra contra o Brasil,* Rio de Janeiro, Estação Brasil, 2019.

Afetividade	×	Neutralidade afetiva
Auto-orientação	×	Orientação coletiva
Particularismo	×	Universalismo
Atribuição	×	Realização
Difusão	×	Especificidade

Basta prestar um pouco de atenção, caro leitor, que logo descobrimos que a oposição real que confere sentido a cada uma das oposições binárias apresentadas, e que está presente em todas elas como seu aspecto principal, é, na realidade, a oposição entre *espírito*, como lugar da reflexão e da moralidade distanciada, que nos liga ao divino, e *corpo*, como representando nossa parte afetiva que nos liga à animalidade: precisamente, e não por acaso, a mesma estrutura da hierarquia moral do Ocidente, como vimos na primeira parte deste livro.[4] Para Parsons e Shills, tanto indivíduos quanto sociedades tendem a se orientar de modo consistente em relação a cada um desses polos dicotômicos. Obviamente, as virtudes do *espírito*, do lado direito, representam a modernidade e o progresso, enquanto as virtudes ambíguas do *corpo*, no lado esquerdo, representam a tradição e o atraso. Não por acaso a "inteligência brasileira", que examinamos anteriormente, vai perceber a própria sociedade com os mesmos olhos distorcidos dos dominadores.

As variáveis padrão de Parsons e Shills funcionaram como o esquema mais abstrato e geral, um verdadeiro quadro de referência teórico e empírico, para a grande maioria das pesquisas desse verdadeiro novo paradigma científico levado a cabo pelos teóricos da teoria da modernização no mundo inteiro. O "atraso" social relativo era explicado como influência de orientações valorativas da tradição, percebida como uma síndrome e um todo unificado. Já a direção a todo desenvolvimento e "modernidade" era percebida como imitação e emulação do exemplo

---

[4] Para uma reconstrução detalhada dessa hierarquia valorativa, *ver* Jessé Souza, *Como o racismo criou o Brasil*, Rio de Janeiro, Estação Brasil, 2021.

histórico concreto representado pelos Estados Unidos em todas as dimensões da vida.

Como Nils Gilman analisa em seu exaustivo estudo sobre os "mandarins do futuro", a teoria da modernização, a partir das ideias abstratas de Parsons, feitas sob medida para a legitimação do novo império americano, implica a redefinição das ciências sociais e econômicas no mundo inteiro. Seja com financiamento direto do governo americano, seja por meio de instituições privadas como as fundações Rockefeller, Carnegie ou Ford, uma quantidade inaudita de dinheiro começa a jorrar nos campi universitários das principais universidades americanas. Repetindo o sucesso das estratégias de produção de consentimento que ligavam ciência e propaganda desde o início do século nos próprios Estados Unidos, a ideia principal é utilizar tanto o prestígio quanto o *know-how* da ciência para mapear os problemas e antecipar as soluções para o novo império que se criava.

Um "novo império" que atualizava a velha ideia europeia do "peso de civilizar" outros povos para legitimar o saque e a exploração real, deixando a força e a violência militar como recursos de último caso. A arma principal desse novo império é a utilização do convencimento científico — com o apoio precioso de sua máquina de propaganda de Hollywood e de toda a poderosa indústria cultural e do entretenimento. Marilyn Monroe e Brad Pitt, em vez de rifles e granadas. Segundo a teoria da modernização — aplicada à questão do desenvolvimento diferencial em nível global —, a expansão americana representaria, de modo neutro e automático, um aumento do espaço de liberdade no mundo, reproduzindo assim antigas concepções de destino manifesto e do imperialismo americano interno anterior.

O aspecto principal aqui é que as diferenças de desenvolvimento relativo entre as nações são percebidas não como resultado da exploração imperialista ou mesmo de causas sócio-históricas contingentes, mas sim pela ausência do "espírito ocidental", racional, ativo ou, como diz Parsons, sob a forma de um de seus polos de referência padrão mais importantes, pela falta da atitude orientada para o sucesso ou *achievement oriented*. Assim, o imperialismo informal americano não se dirigiu apenas à contenção política dos recalcitrantes e à dominação do mercado, mas pretendeu também construir um estilo de vida totalizador, a partir do qual todas as dimensões do espírito humano, nas suas virtualidades cognitivas, morais e estéticas, passassem a se referir aos Estados Unidos como referência absoluta e idealizada.

De nada adianta, no entanto, os americanos simplesmente apregoarem aos sete cantos do mundo que eles próprios são os mais inteligentes, bonitos, moralmente superiores e honestos e, que, por conta disso, devem comandar os povos do Sul global e saquear suas riquezas. Era essencial que os povos a serem dominados se convencessem disso também. Dominar simbolicamente significa, nesse sentido e antes de tudo, convencer o oprimido de sua própria inferioridade. Para estar completo, esse processo exigia o "convencimento" da vítima da dominação de que ela própria era a única culpada pela própria pobreza e fraqueza relativa. Desse modo, a dominação se tornava perfeita e sem ruído, produzindo seus efeitos pelo encontro aparentemente "mágico" entre opressor e oprimido, tamanha a afinidade de perspectivas que se completam e se harmonizam mutuamente. As obras de Sérgio Buarque e Talcott Parsons, no fundo um reflexo no espelho uma da outra, mostram à perfeição este acordo entre povos dominadores e colonizados.

Para que isso acontecesse era necessário convencer os oprimidos de que, se os americanos são o sal da terra, os mais belos, mais inteligentes e, acima de tudo, os mais dignos de confiança e mais honestos, eles próprios são o seu perfeito oposto especular: feios, burros, preguiçosos e — como sempre com a dimensão moral servindo de cereja do bolo — também corruptos e indignos de confiança. A teoria da modernização deve, portanto, não apenas convencer seu próprio povo de sua superioridade e com isso produzir conformismo interno e obediência às elites locais. Ela deve também convencer os povos, destinados agora a serem colonizados por ideias supostamente científicas, e não mais apenas pelo chicote ou pelo rifle, de que eles próprios são como crianças ou delinquentes juvenis: possuem cérebro, mas não sabem usá-lo, além de serem irresponsáveis e dominados pelas emoções. A ciência do dominador deve ser uma espécie de "pedagogia para a opressão", na medida em que o dominado está condenado a ser pupilo para sempre.

Em poucos países essa "pedagogia para a opressão" foi tão bem-sucedida como no maior país da América Latina, o Brasil. Nesse sentido, o estudo do caso brasileiro pode servir, inclusive, como tipo ideal, ou seja, um exemplo perfeito da eficácia da violência simbólica americana — em articulação com a violência simbólica da elite brasileira colonizada — contra todo o povo brasileiro. E por seu caráter exemplar, pode servir de ilustração para expressar toda a força destrutiva desse tipo de violência simbólica e ideológica contra os países do Sul global.

A história das ideias em um país como o Brasil pode ser reconstruída como o inverso no espelho perfeito das ideias americanas durante todo o século XX e até hoje. Afinal, só existe uma ciência do senhor se existir também uma ciência do escravo. No caso brasileiro, inclusive, a elite colonizada se mostra digna de toda confiança de "seu senhor" e o sentido de sua vida é tentar adivinhar os desejos, inclusive os mais íntimos, para melhor servi-lo sempre.

5. O RACISMO CIENTÍFICO EM AÇÃO: A HONESTIDADE DOS PAÍSES RICOS E A CORRUPÇÃO DOS POBRES
Niklas Luhmann e a corrupção do Sul global

Para muitos intelectuais a teoria da modernização é coisa do passado. Uma teoria já criticada e dissecada, representando um episódio passado na gloriosa história crítica e reflexiva da ciência. Não existe nada mais longe da verdade do que este tipo de percepção ingênua. A teoria da modernização é, na verdade, o mais bem-sucedido esquema de legitimação científica de uma dominação global que já existiu. Ela foi criticada em seus aspectos superficiais, mas nunca no seus pressupostos metateóricos e racistas mais importantes. Minha tese é a de que o verdadeiro "racismo científico", que se torna leitura oficial do mundo, a partir da disseminação das teses culturalistas da "teoria da modernização", passa a funcionar como pano de fundo não tematizado de todas as grandes teorias científicas sobre o mundo moderno. Mesmo as teorias críticas formuladas pelos espíritos mais críticos e geniais, como Jürgen Habermas e Pierre Bourdieu, deixam de criticar, como no caso do primeiro,[1] ou não reconstroem os pressupostos para uma análise global, como no

---

[1] Jürgen Habermas, *Die theorie des Kommunikativen Hardelns*, vol. II, Frankfurt, Suhrkamp Verlag, 1986. No último capítulo desta que é sua obra magna, Habermas afirma que sua "teoria comunicativa" só se aplica ao Ocidente restrito, ou seja, à América do Norte e à Europa Ocidental, em um sentido muito próximo do racismo cultural da teoria da modernização, e sem esclarecer o porquê desta restrição.

caso do segundo,[2] das pré-noções racistas, em última instância, que informam todas as teorias contemporâneas.

Na impossibilidade de analisar todas as teorias importantes existentes, vamos, a título de exemplo, demonstrar como funciona este racismo científico em duas teorizações contemporâneas, uma da periferia e outra do centro, que não se pretendem continuação da teoria da modernização, muito antes pelo contrário, mas que assumem seus pressupostos como verdadeiros e indiscutíveis. Trata-se das teorias desenvolvidas por Roberto DaMatta, no Brasil, e a teoria sistêmica de Niklas Luhmann na dimensão internacional.

Nossa análise do culturalismo conservador no Brasil mostrou que a sociedade brasileira é percebida como uma espécie de "planeta verde-amarelo" cuja particularidade seria tendencialmente absoluta e única no globo. Na verdade, esse processo resulta do mecanismo de legitimação científica da dominação fática que produz a imagem de sociedades idealizadas e honestas, de um lado, e sociedades essencialmente corrompidas, por outro lado. Nesse sentido, o Brasil seria mais uma versão de "sociedade vira-lata", pessoal, corporal e emotiva, cuja singularidade ibérica teria se mantido intacta apesar do processo de modernização e urbanização brasileiro. Essa imagem reflete o "lado negro" do "Ocidente hegemônico" percebido apenas como representado pelas nações afluentes do Atlântico Norte.

Esse "racismo científico" não é apenas "brasileiro". A teoria social contemporânea como um todo não atenta para o que há de universal na reprodução simbólica de todo capitalismo. Isso é verdade, como vimos, inclusive para os teóricos mais críticos e refletidos da tradição das ciências sociais contemporâneas. Por conta disso, o nosso desafio é não apenas criticar o "racismo científico", mas lançar as bases para uma "teoria crítica da modernização", a qual não parta da idealização de sociedades concretas, mas perceba criticamente os mecanismos simbólicos classificatórios operantes em qualquer contexto capitalista. O problema é que, no capitalismo, as hierarquias valorativas e os meca-

---

2 Pierre Bourdieu (org.), *A miséria do mundo*, Petrópolis, Vozes, 2011.

nismos classificatórios são "opacos". Eles não são percebidos enquanto tais pela consciência cotidiana.

Por conta disso, a questão central de Karl Marx acerca da especificidade da dominação simbólica no capitalismo continua a nos desafiar até hoje. Marx havia notado que o capitalismo, ao contrário de todas as sociedades complexas anteriores, não necessita de um quadro de pessoas especializadas na legitimação da ordem vigente como os mandarins na China Imperial, os brâmanes na Índia, ou o clero no Ocidente. Em sua dimensão mais importante, pelo menos, a legitimação da ordem vigente é produzida por uma misteriosa "ideologia espontânea" secretada pelo próprio sistema de modo opaco e sutil. A resposta economicista de Marx a essa questão não nos interessa aqui. O importante é sua percepção da "opacidade da dominação" como a marca diferencial do capitalismo e do mecanismo responsável por sua longevidade e por sua extraordinária eficácia cotidiana.

O problemático nessa questão central é que não avançamos muito desde Marx. Vários fatores contribuem para isso. O maior deles é que continuamos sem perceber adequadamente a estrutura simbólica e imaterial subjacente ao capitalismo e responsável por sua "violência simbólica" peculiar. A teoria dominante imagina uma estrutura institucional "neutra" com relação a valores, a qual se contraporia a uma "cultura nacional" percebida como única realidade simbólica possível. Precisamente por conta disso, ou seja, como não se percebe uma estrutura simbólica subjacente a todo mundo capitalista, imagina-se o mundo como dividido entre sociedades avançadas, com uma estrutura material e simbólica supostamente própria, e sociedades "atrasadas" com outra estrutura material e simbólica percebida como peculiar e distinta das sociedades avançadas.

A opacidade da dominação adentra o debate científico e coloniza os próprios termos desse debate e nos impede de perceber estruturas profundas comuns. A pobreza e o conservadorismo das respostas a esta questão central, portanto, como estamos mostrando no decorrer deste livro, não conhecem fronteiras nacionais. O engano mais comum é o de se supor que os pressupostos da teoria da modernização não constituem mais o fundamento "implícito" e não discutido das análises contemporâneas que pretendem abarcar o sistema mundial enquanto tal. Isso não é verdade. Ainda que não possamos discutir todos os autores contemporâneos que assumiram este desafio como seu, podemos exemplarmente examinar autores que trazem precisamente a "promessa do novo" e apenas repetem com outra roupagem as velhas análises da teoria da modernização tradicional.

A tese de combate que perpassa todo este livro é precisamente a ideia de que a ciência moderna, em sua esmagadora maioria, se transformou em uma espécie de ideologia que ajuda a manipular e legitimar privilégios em uma espécie de "equivalente funcional" das grandes religiões do passado. A "violência simbólica" de hoje é chancelada "cientificamente" por "especialistas", de tal modo que não sai uma matéria nos órgãos de comunicação que não exijam esse tipo de "legitimação científica" para o que quer que esteja sendo discutido. O "racismo científico", que mostramos no início deste livro — usando o "prestígio científico" de Max Weber como mote de justificação de uma ciência que prolonga o senso comum, suas ilusões e preconceitos para justificar privilégios —, é a base de 90% do que passa por ciência hoje em dia.

Para que não se diga que estamos falando do passado, vamos mais uma vez comprovar o que estamos dizendo em dois autores contemporâneos de extraordinário prestígio, um deles no centro, e o outro, na periferia. O tipo de "racismo científico" defendido por estes autores pretende demonstrar que existe uma hierarquia "merecida" e "meritocrática", seja entre os países, seja entre as classes que hoje monopolizam todos os privilégios. Essas teorias são utilizadas para mostrar que a corrupção no centro é sempre tópica, individual e passageira e só na periferia ela é sistêmica e societária, e como apenas americanos ou europeus são efetivamente "dignos de confiança", e só por lá existe *accountability*, como está em dez entre dez manuais de ciência política do mundo todo. Na periferia, essas mesmas teorias também são utilizadas pelos "teóricos periféricos" para "orientalizar", ou seja, tornar exóticas suas próprias sociedades e, quase sempre, para mostrar como as classes superiores, percebidas como americanizadas ou europeizadas, merecem seus privilégios. Assim, vamos contrapor Roberto DaMatta, que já analisamos em detalhe, autor da versão mais popular do "jeitinho brasileiro", e Niklas Luhmann, pensador alemão tido como um dos grandes renovadores da teoria social das últimas décadas.

A análise de um Roberto DaMatta no Brasil e na América Latina é extraordinariamente semelhante à análise de Niklas Luhmann na Alemanha. Não parece existir nenhum "abismo teórico" entre as explicações dominantes no centro ou na periferia do debate científico em relação a essas questões. O racismo mal disfarçado em "culturalismo" das teorias da modernização tradicionais — que fabricam supostas heranças culturais, como até cem anos atrás se fabricavam supostas diferenças raciais — está presente nos dois.

Em texto sobre a "exclusão social" que deu origem a um debate específico na Alemanha,[3] Luhmann se propõe incorporar a "periferia" do capitalismo à sua teoria da "sociedade mundial". Para Luhmann as sociedades modernas regulam de modo muito singular a diferenciação entre inclusão/exclusão, com consequências dramáticas para a estabilidade e possibilidades de desenvolvimento desse tipo de sociedade. A especificidade da regra de inclusão/exclusão moderna é que ela seria decidida pelos sistemas funcionais já diferenciados entre si. A regra da igualdade e dos direitos humanos implica apenas isso: que as desigualdades só podem ser produzidas dentro dos respectivos sistemas diferenciados. Uma importante consequência dessa regra é a impossibilidade de legitimar desigualdades permanentes que abrangem todos os sistemas funcionais. O problema central para a teoria luhmanniana é que a exclusão quase total de parcelas significativas da população (1/3 no Brasil do século XX, e quase 50% no Brasil de Bolsonaro) é

---

[3] Niklas Luhmann, "Inklusion und Exklusionn", in: Niklas Luhmann, *Soziologische Aufklärung* 6, VS Verlag, 2005.

precisamente o caso dos assim chamados países em desenvolvimento ou periféricos.

Apesar da lucidez de Luhmann em perceber a questão e, ainda mais admirável, apesar da coragem de enfrentá-la, sua resposta é decepcionante e se aproxima de modo surpreendente das soluções propostas pelo próprio culturalismo conservador dominante na América Latina. Para quem imagina um abismo teórico entre as produções de vanguarda do centro e da periferia nesse tema, essa aproximação pode ensinar muito. É claro que Luhmann lança mão de uma terminologia "tecnológica" que induz à aparência de novidade. Uma análise cuidadosa, no entanto, pode, sem grande esforço, comprovar a irmandade de fundo entre essas abordagens e deixar claro tanto suas contradições e falhas internas quanto suas consequências conservadoras para uma adequada compreensão não só das sociedades periféricas, mas, também, de toda a modernidade contemporânea.

A necessidade de explicar a desigualdade permanente e a exclusão quase total de porções significativas da população de todos os sistemas funcionais levam-no, do mesmo modo que as teorias da modernização — sejam as clássicas da década de 1950-1960, sejam as contemporâneas com outra roupagem e sem usar o nome — a pleitear "sobrevivências" do mundo pré-moderno nesse tipo de sociedade. Essa explicação seria, talvez, um pouco mais convincente se essas sociedades fossem "atrasadas" ou deficitárias em todas as esferas sociais. Mas o que complica a vida desse tipo de explicação simplista é que não é assim que as coisas efetivamente funcionam.

Apenas para usar o exemplo empírico mais citado por Luhmann nesse texto, o caso brasileiro, temos um país periférico singularmente desigual — precisamente do tipo de desigualdade permanente e quase total que interessa a Luhmann — com alto dinamismo de algumas esferas funcionais, como, por exemplo, da esfera econômica, pelo menos até o golpe de 2016. O desafio para a compreensão de sociedades desse tipo — hoje em dia chamadas de "emergentes" e com crescente influência internacional — é precisamente compreender o amálgama entre inegável dinamismo social e econômico e padrões de desigualdade permanentes, pobreza e marginalização social de partes significativas da população.

Mas não é essa a estratégia de Luhmann. Esse desafio sociológico não é sequer posto. Por conta disso, ele pode imaginar sociedades inteiras funcionando segundo padrões pré-modernos. Como isso é explicado? Ora, Luhmann traveste de um linguajar "moderno" e tecnológico as explicações culturalistas tradicionais em voga até hoje na própria periferia. A palavra-chave aqui é a de "redes de relacionamento" (*Netzwerke*) a partir de interações face a face que se colocam à frente dos imperativos impessoais e funcionais da ordem social moderna.

Não se enfrenta a questão da gênese histórica dessas redes de relacionamento. Luhmann supõe a existência de "redes de relacionamento pessoais" que obrigam à participação de todos (*mitmachen*) sob a ameaça de transformação em "não pessoa" (*unperson*). Essa é, não por acaso, a explicação dominante em países como o Brasil. Roberto DaMatta é o principal autor dessa tradição e um dos sociólogos conservadores mais influente no Brasil de hoje. Também DaMatta faz uso da oposição pessoa/não pessoa que, no seu caso, adquire a forma de uma oposição pessoa (que tudo pode) e indivíduo (que nada pode por não ter acesso a relações pessoais).

Também em DaMatta a proeminência desse tipo de explicação leva, como em Luhmann, ao tema da corrupção enquanto uma característica definidora e fundamental de toda uma sociedade. Também em Luhmann, os efeitos desse tipo de explicação da realidade são nitidamente conservadores. Ele joga água no moinho de certo preconceito, mundialmente aceito tanto na dimensão do senso comum assim como no consenso erudito, que a corrupção é uma relíquia "pré-moderna" de "sociedades atrasadas", o que impede de se pensar as ambivalências do próprio mundo moderno que passa a ser percebido como livre da corrupção endêmica — os casos que saem na imprensa seriam algo como "deslizes individuais" inevitáveis — e como domínio da eficiência impessoal. A corrupção nos países centrais seria um mero "ruído", uma exceção, e não uma forma "normal" de funcionamento do sistema econômico e político.

A consequência inevitável deste tipo de legitimação científica de preconceitos nacionais — que estão pressupostos em todas as formas de relações internacionais — é que não apenas sociedades inteiras, mas também os "indivíduos" dessas sociedades sejam percebidos como sujos, corruptos e potencialmente inconfiáveis. Existe alguma dúvida de que esse tipo de preconceito está na base de uma legitimação subpolítica e nunca explicitada não só nas relações internacionais em geral, mas, também, na administração cotidiana de organismos internacionais multilaterais? Alguém duvida da enorme capacidade de produzir autolegitimação e autoestima, coesão interna e repressão das contradições internas nas sociedades avançadas pela propagação difusa e capilar desses preconceitos que pressupõem uma superioridade moral "inata" dessas sociedades em relação aos países percebidos como atrasados e corruptos?

A questão aqui não é, obviamente, negar a corrupção efetivamente existente em países como o Brasil. O ponto aqui é desqualificar o tema da corrupção como uma distinção "qualitativa" entre sociedades percebidas como de "tipo" diferente, que é o tema que perpassa todo o texto luhmanniano. Que o leitor e a leitora reflitam comigo: será que existe menos corrupção em Wall Street do que na avenida Faria Lima, em São Paulo? As duas não fazem parte de um mesmo esquema planetário? Um esquema planetário criado pelos Estados Unidos e baseado na lavagem de dinheiro sujo e na evasão de impostos de todo planeta, por meio de "paraísos fiscais", em benefício do capitalismo financeiro americano, que controla todo o processo global? Será que a corrupção — definida como vantagem privilegiada num contexto de presumida igualdade — não é uma parte fundamental e indissociável de todo sistema econômico-político moderno? Junto com a tese da "sociedade corrupta" não se introduz também a tese de "povos corruptos"? Não se está, por baixo do pano e sem alarde, "essencializando" o conjunto das sociedades periféricas e seus habitantes com um tipo de "racismo" criado, propagado e legitimado cientificamente?

Um exemplo, especialmente eloquente, do "para que" esse tipo de racismo "cientificamente" legitimado "realmente serve", pode ser retirado do tipo de justificativa usada pelo capital financeiro — nacional e internacional — para as altíssimas taxas de juro e de spread bancário num país como o Brasil. O alto custo do dinheiro no Brasil — e em países periféricos como o nosso, que oprime toda a população em favor de uma meia dúzia de banqueiros e especuladores — é legitimado precisamente pelo suposto "risco" de se emprestar dinheiro num país onde a corrupção seria endêmica, um verdadeiro "traço cultural" do país. A "causa" do endividamento popular, os juros escorchantes cobrados dos cidadãos que tornam as dívidas impagáveis, é utilizada, em uma óbvia inversão de causalidade, para justificar os próprios juros construídos para serem impagáveis. Encontramos, aqui, um reflexo na economia daquilo que já se faz na política: culpar a vítima pela própria exploração.

Enquanto em países centrais, como os Estados Unidos, um mercado financeiro "desregulado" — ou seja, liberado para a corrupção sistêmica que levou o mundo inteiro a uma crise global de grandes proporções — opera massivamente com créditos sem qualquer segurança, lavando dinheiro sujo e estimulando a sonegação sistemática de impostos em nível global, são, no entanto, os países periféricos, como o Brasil, que são "estigmatizados" e obrigados a pagar um "mais-valor" por pura obra de preconceitos criados e confirmados com a autoridade da ciência e alardeados todos os dias por uma imprensa, hoje, em grande medida, propriedade ou dependente destes mesmo bancos.

É a transformação das sociedades avançadas em entidades sem ambivalências e sem contradições — o mesmo engano, aliás, que a teoria da modernização tradicional efetuava em relação aos Estados Unidos — que permite a fabricação das sociedades periféricas num "bicho estranho", marcado pela existência de "redes de relacionamento" todo-poderosas, como se também nas sociedades avançadas decisões fundamentais também não pressupusessem a mesma lógica. As tais "redes de relacionamento" são percebidas como determinantes de toda a hierarquia social entre os positivamente e os negativamente privilegiados, na medida em que todas as chances de acesso a recursos escassos são monopolizadas pelas posições de poder e de influência dentro das redes. Luhmann, na realidade, apenas elabora uma versão sistêmica — com novo vocabulário e presunção de "modernidade" para as tais "redes de relacionamento" — para a velha tese do patrimonialismo pré-moderno latino-americano.

O que vejo de profundamente equivocado, do ponto de vista científico, e de profundamente conservador do ponto de vista político, em ambas as ideias, é o fato de que se assume a "ideologia meritocrática" do capitalismo tardio como se fosse verdade. Supõe-se uma competição social igualitária nas sociedades avançadas, em ambos os casos de Luhmann e de DaMatta, de tal modo que é precisamente a distorção sistemática da "competição justa" que é percebido, por ambos os autores, como sendo a característica fundamental, assim como o resultado mais palpável das tais "redes de relacionamento". O "privilégio" é percebido como produto espúrio da dinâmica social de operação dessas "redes de relacionamento" e não como produto "normal" de um processo que torna invisíveis os pressupostos sociais de todo sucesso individual naturalizando a desigualdade social e o privilégio permanente, seja nas sociedades avançadas, seja nas sociedades periféricas.

Esse é o ponto central que permite unir as sociologias conservadoras do centro e da periferia dentro de um mesmo quadro de referência teórico: é a "idealização" das sociedades avançadas como reino da competição justa e efetiva de superação de privilégios permanentes que exige uma distinção substantiva e um corte teórico que separe a análise desses dois tipos de sociedade. A operação contrária também é constitutiva desse jogo de espelhos montados por preconceitos arraigados e nunca articulados: é a "demonização" das sociedades periféricas como reino da corrupção e da desconfiança e, portanto, da desonestidade que desumaniza, que permite sua oposição com regras de funcionamento supostamente distintas das sociedades avançadas. Como a moralidade é a dimensão mais alta do "espírito", chamar alguém de corrupto e inconfiável o relega a um nível sub-humano que não só legitima o saque sobre estes povos e sociedades, mas, também, impossibilita a real compaixão e solidariedade com ele.

Esse é o "racismo inarticulado" que povoa como um sentimento difuso toda a sociologia moderna, desde a sua criação, e precisa ser reconstruído. No entanto, mesmo sendo sociedades modernas do mesmo tipo e com lógicas de funcionamento semelhantes, existem diferenças fundamentais que precisam ser explicadas entre países como França e Alemanha, por um lado, e países como Brasil e México, por outro lado. A enorme diferença no número de marginalizados e de excluídos, precisamente o problema que interessava a Luhmann em seu texto, entre os países ditos avançados e periféricos, pode e deve ser esmiuçada de modo alternativo à explicação, em última análise racista, oferecida pela sociologia até hoje. Este será nosso mote a partir de agora.

PARTE III
Por uma teoria crítica da sociedade brasileira e do Sul global

6. A CONTRIBUIÇÃO DE FLORESTAN FERNANDES E A CRÍTICA DE SEUS LIMITES

Mostramos, anteriormente, como a imagem hegemônica da sociedade brasileira acerca de si mesma foi construída por uma espécie de equivalente funcional do antigo racismo científico. No lugar do "estoque racial" entra o "estoque cultural" para explicar e justificar quem manda e quem obedece. Esta não é, no entanto, a função da ciência. A ciência deve dizer a verdade, doa a quem doer, muito especialmente aos que se beneficiam de privilégios injustos. A busca por uma explicação e uma intepretação alternativa e mais crítica da sociedade brasileira me levou à questão maior da relação entre o Norte e o Sul global. Em resumo, para se reinterpretar o Brasil é necessário se reinterpretar o mundo e o esquema simbólico do "racismo global" que permite o saque continuado do Sul pelo Norte global.[1]

O Brasil não é, afinal, um planeta "verde-amarelo", produto de uma cultura supostamente singular com traços únicos chamada de "luso-brasileira", como pensaram nossos pensadores mais importantes. Como defendi no livro *A elite do atraso*, essa tese é uma arrematada tolice.[2] Toda a sociabilidade brasileira, em todas as dimensões da sociedade, é influenciada pela escravidão, a instituição mais totalizadora e influente entre nós até hoje. Ora, a escravidão, como sistema social, não existia em Portugal. Podemos falar português, comer bacalhau, sardinha, até

---
[1] Jessé Souza, *Como o racismo criou o Brasil*, Rio de Janeiro, Estação Brasil, 2021.
[2] *Idem, A elite do atraso*, Rio de Janeiro, Estação Brasil, 2018.

torcer pelo Vasco da Gama, mas isso não nos faz portugueses. São, na verdade, os estímulos das instituições que fazem quem nós somos. E se fomos criados sob o impacto onipresente da escravidão, herança nunca verdadeiramente criticada entre nós, então somos senhores, uns poucos, e escravos, a maioria, nos trópicos. Ou seja, "brasileiros", desiguais, perversos e racistas.

O que torna tão difícil, para o senso comum das pessoas leigas, a percepção da eficácia das instituições é o fato de elas já estarem "naturalizadas". Como já nascemos sob sua égide, nos parece tão óbvia, natural e evidente como o fato de o Sol nascer todos os dias. Como não "refletimos" acerca daquilo que nos parece evidente, compreendemos muito pouco sobre quem somos e como fomos formados dessa maneira peculiar. Mas basta que reflitamos sobre a instituição familiar, para ver o peso das instituições sobre nós. Herdamos da família, que é sempre peculiar a uma determinada classe social, de modo "inconsciente", todo o nosso esquema de avaliações sobre o mundo quando internalizamos pai e mãe dentro de nós.

Como amamos os pais, ou quem os represente, tendemos a amar, também, tudo que tem a ver com eles. O hábito de leitura, a forma da sexualidade, os preconceitos, as virtudes e os defeitos. Como tudo isso se dá entre os 0 e 3 anos, época da qual não nos lembramos mais quando adultos, toda essa "incorporação de disposições" para se comportar no mundo, além de julgá-lo e classificá-lo de maneira muito específica, foge de nossa consciência. Esse esquecimento e essa "inconsciência" acontecem, de resto, com todas as instituições. A própria família e a forma como educam os filhos são fortemente influenciados, por exemplo, pelo mercado. É, afinal, apenas porque o mercado precisa de trabalhadores disciplinados e previsíveis que as famílias educam seus filhos na disciplina diária. Não era assim antes do mercado capitalista. Todas as famílias do mundo, que amam seus filhos e querem que sejam adultos bem-sucedidos, percebem de modo intuitivo as demandas da escola e do mercado de trabalho por disciplina e autocontrole e ensinam essas disposições aos seus filhos. E isso apesar do fato notório de que todas as crianças odeiam a disciplina que as obrigam a fazer o que não querem.

Esse processo não é mediado pela consciência. As famílias na Itália, no Brasil ou na África do Sul não se comunicam entre si acerca da maneira de como criar filhos, mas todas terminam por educá-los de modo muito parecido. É desse modo que se dá a eficácia das instituições mais importantes. Elas nos moldam e nos influenciam sem que nos demos conta. E é por conta disso que as "narrativas nacionais" do culturalismo podem abdicar completamente de compreender como as sociedades se constroem, pela eficácia de instituições específicas, e ainda assim serem tidas como verdadeiras pelas pessoas comuns e pela maior parte dos intelectuais. Normalmente não compreendemos nada sobre as instituições que nos fazem quem somos e sequer notamos sua presença, do mesmo modo que ninguém amanhece estranhando o fato de não ter nascido com cinco olhos ao invés de apenas dois.

Isso não implica, obviamente, que não existam singularidades nas "culturas nacionais" específicas. Sim, elas existem e são importantes para compreender por que um país é mais ou menos igualitário do que outro, por exemplo. Mas essa singularidade não é absoluta. Todas as sociedades globais compartilham um modo de classificar e compreender o mundo, que é uma construção do Ocidente e está embutida na eficácia de instituições como escolas, universidades, famílias, fábricas, prisões, e burocracias públicas e privadas de todos os tipos. Precisamos, antes de tudo, para compreender a singularidade da sociedade brasileira, por exemplo, conhecer a forma tornada universal de julgar, classificar e legitimar todo tipo de dominação social à qual é muito semelhante onde quer que exista capitalismo. Karl Marx "intuiu", como vimos anteriormente, que o capitalismo secretasse uma "ideologia" misteriosa que ele foi incapaz de reconstruir adequadamente com os recursos de seu tempo.

Assim, para compreendermos a singularidade do Brasil é necessário reconstruir, antes de tudo, a eficácia das instituições fundamentais do capitalismo como o mercado, o Estado centralizado, família nuclear, esfera pública etc. Sem isso, ficaremos para sempre reféns das balelas racistas e elitistas de povo corrupto e da herança maldita que nos ensinam até hoje. Depois de compreender essa dimensão fundamental, poderemos, então, avaliar corretamente a "influência cultural" constituída por fatores históricos e circunstanciais singulares que conformam as especificidades de toda sociedade concreta. Essa forma de ver a questão da singularidade da sociedade brasileira vai de encontro à forma amplamente hegemônica por meio da qual ela foi percebida até os dias atuais. O "culturalismo" absoluto, do planeta verde-amarelo e luso-brasileiro, se tornou uma espécie de segunda pele de todo brasileiro que, quer saiba disso ou não, se vê capturado pelo sistema de identificação criado pela elite para seus fins manipuladores.

Antes do meu próprio trabalho de crítica e reconstrução do pensamento social e político brasileiro, iniciado em 2000 com a publicação do livro,[3] o único grande pensador brasileiro que foge desta tradição, cuja versão dominante é elitista e racista,[4] é Florestan Fernandes. Embora o rompimento de Florestan com tal tradição dominante e elitista seja parcial — na medida em que ele não reconstrói os princípios classificatórios e avaliativos que comandam a realidade cotidiana, como veremos em detalhe mais adiante —, ele merece ser posto como o verdadeiro fundador da tradição crítica do pensamento social e político brasileiro. A importância de Florestan Fernandes para o nosso debate é que ele foi quem mais longe chegou na tentativa de superação do que estamos chamando de tradição culturalista. Ainda que essa tradição tenha permanecido na sua obra e determinado o fracasso relativo de seu empreendimento, sua tentativa foi a mais vigorosa até então.

---

[3] Jessé Souza, *A modernização seletiva*, Brasília, Editora UnB, 2000.
[4] Ver Jessé Souza, *Como o racismo criou o Brasil*, op. cit.

Aprender com seus erros foi, inclusive, fundamental para meu próprio empreendimento, como ficará claro a partir de agora.

O livro-chave para a discussão desse ponto em Florestan é *A revolução burguesa no Brasil*. O tema do livro é precisamente a implantação e consolidação do capitalismo no Brasil. Florestan percebe com clareza e agudeza impecáveis que o ponto essencial nesse contexto é a compreensão do "padrão de civilização dominante", a partir da transformação estrutural das formas econômicas, sociais e políticas fundamentais.[5] Para ele, no Brasil pós-independência (1822), esse padrão dominante vai ser o do "mundo ocidental moderno".[6] Não deve ser, portanto, nos "fatores exóticos e anacrônicos da paisagem",[7] diz o autor, coberto de razão, onde se deve procurar esse padrão, mas nos requisitos estruturais e funcionais do padrão de civilização dominante. É precisamente esta sofisticação de análise e percepção que lhe permite superar a análise de aparências e hierarquizar o principal do secundário (mesmo quando este último seja o dado mais visível a olho nu!) e que o permite se distanciar da corrente de pensamento dominante que percebe a modernização de sociedades periféricas como a brasileira como um fenômeno superficial e epidérmico.

Na verdade, Florestan coloca a sociologia brasileira em outro patamar de sofisticação. Ela sai, com ele, da pré-sociologia do senso comum, que era o terreno do pensamento brasileiro até então, para a sociologia como ciência que critica e reconstrói o senso comum, que é o seu papel mais verdadeiro e mais importante. Em outras palavras: ela deixa a dimensão da "sociologia espontânea" do senso comum, que interpreta as relações sociais sob o paradigma da herança cultural pensada superficialmente nos moldes da herança familiar — do tipo se meu avô era

---

5 Florestan Fernandes, *A revolução burguesa no Brasil*, São Paulo, Kotter, 2020, p. 17.
6 Como vimos, ainda que esquematicamente, este é o engano básico do "hibridismo", aplicado às sociedades da "nova periferia": a não definição da hierarquia que define o princípio estruturante fundamental dessas sociedades.
7 Florestan Fernandes, *A revolução burguesa no Brasil*, op. cit., p. 17.

português eu também sou —, para a dimensão da eficácia institucional. O comportamento prático cotidiano só pode ser devidamente explicado e compreendido por meio da eficácia de instituições — dos seus prêmios e castigos que constrangem o comportamento dos indivíduos em dada direção sem que eles o percebam "conscientemente" — e nunca pela ação intencional de indivíduos percebidos ingenuamente como autônomos e livres, ou pela maldição de uma herança cultural maligna percebida como eterna.

Foi por conta dessa ingenuidade pré-científica que se imaginou um Brasil filho de Portugal, ainda que aqui tenhamos tido a escravidão como "instituição total", cobrindo todo o território nacional, e afetando decisivamente inclusive os ditos "homens livres", instituição que não existia salvo casos passageiros e tópicos em Portugal. Por conta da mesma ingenuidade, Buarque imaginava que o Brasil continuava sempre o mesmo apesar da entrada do capitalismo comercial, do Estado centralizado e da urbanização.[8] A mesma ingenuidade fazia com que Faoro percebesse sempre a mesmice em 500 anos de história no seu mantra "do vinho velho em odres novos". O culturalismo não é só conservador pela idealização infantil de "sociedades perfeitas", como é o caso dos Estados Unidos para absolutamente todos eles. O culturalismo é conservador antes de tudo por reproduzir o senso comum que é precisamente o falso consenso criado pelos interesses que estão ganhando para sua própria reprodução eterna.

A ciência tem que "reconstruir a realidade em pensamento", segundo uma lógica que não continua o senso comum — este sempre necessariamente comprometido com todo tipo de reprodução de privilégios injustos — e, que, ao contrário, o critica e o reconstrói. A diferença entre Florestan — que como veremos não estava infenso ao culturalismo e não conseguiu levar a cabo seu projeto de repensar o Brasil em

---

8 Maria Sylvia de Carvalho Franco, *Homens livres na ordem escravocrata*, São Paulo, Editora Unesp, 1997.

outros termos — e os outros grandes intérpretes do Brasil é a diferença entre a abordagem científica crítica e as abordagens que continuam as ilusões do senso comum.

A forma como Florestan percebe o aparecimento do burguês no Brasil combina perfeitamente com nossa discussão, desenvolvida em outro livro,[9] acerca da anterioridade das "práticas" (institucionais e sociais) em relação às "ideias". O "burguês", entre nós, diz ele, já surge como uma "realidade especializada",[10] ou seja, não surge como uma criação espiritual cuja prática inintencional o transforma em agente econômico como na Europa. Não surge enfim como produto de toda uma visão de mundo revolucionária da vida social em todas as dimensões, como na Europa, mas como um produto circunscritamente econômico. Um produto econômico que, desde o começo, se constitui como resposta a estímulos econômicos concretos, sem que ocorra, pelo menos a curto e médio prazo, uma abstração dessa circunstância para o contexto social maior. Sem dúvida, contribui para isso o fato de que o capitalismo se estabelece entre nós sob sua variante comercial, na medida em que os "agentes comerciais autônomos" tendiam a se converter em assalariados das casas exportadoras ou desaparecer na plebe urbana, não permitindo a constituição de um núcleo de interesses autônomo da manufatura e da indústria.[11]

Para Florestan, o fator estrutural fundamental da implantação do capitalismo no Brasil é a independência política, a partir da quebra do pacto colonial e da concomitante estruturação de um Estado nacional. É, portanto, a eficácia institucional que está em jogo e não qualquer "conto de fadas" para adultos, como o que o nosso mito nacional criou e as ciências sociais brasileiras dominantes contrabandearam como "ciência". Ele cita explicitamente a rede de serviços para a constituição de um

---
9 Jessé Souza, *A construção social da subcidadania*, Editora UFMG, 2003 e 2012.
10 Florestan Fernandes, *A revolução burguesa no Brasil*, op. cit., p. 18.
11 *Ibidem*, p. 48.

Estado nacional e o efeito multiplicador desse fato para o desenvolvimento de sociedades urbanas. Apesar de empreendimento colonial ter sido, desde sempre, associado ao capitalismo comercial internacional, todo o esquema era montado para drenar as riquezas de dentro (colônia) para fora (metrópole), impossibilitando que a riqueza aqui produzida pudesse dinamizar o mercado interno.[12] Desse modo, o rompimento do estatuto colonial, permitindo que parte maior do produto gerado fosse aplicado internamente, converte-se, para Florestan, no passo inicial, juntamente com a já mencionada expansão do Estado nacional e suas consequências socioeconômicas — novos serviços e funções, homogeneização e maior ligação entre os diversos mercados regionais etc. — para a singular construção de um capitalismo periférico.

O principal aspecto limitante do tipo de sociedade moderna construída entre nós reside na impossibilidade de articulação consciente da visão de mundo e do comportamento cotidiano que essas mesmas práticas institucionais e sociais envolvem. "Articulação", aqui, significa a capacidade de perceber com clareza as precondições e pressupostos imprescindíveis para o desenvolvimento das práticas mencionadas anteriormente, assim como o adequado cálculo de consequências inintencionais que essas mesmas práticas envolvem. De certo modo, o capitalismo se impõe no Brasil como "fato", sem ser acompanhado de uma concomitante revolução nos valores e nas ideias dominantes. Isso impede a autoconsciência dos agentes envolvidos no processo e reforça o caráter reativo e dependente do capitalismo periférico.

Essas novas práticas capitalistas não são "neutras", como veremos na parte final deste livro. Ao contrário, mercado e Estado já reproduzem uma visão de mundo e de ser humano contingente historicamente, que hierarquiza indivíduos e classes sociais de acordo com seus imperativos funcionais. Como veremos em detalhe, é a partir dessa hierarquia que classificados e desclassificados sociais são produzidos sob uma aparência

---

12 *Ibidem*, pp. 22-24.

de naturalidade e neutralidade pela ação de princípios supostamente universais, acima de qualquer discussão como, por exemplo, a pseudoneutralidade da noção de desempenho diferencial dos indivíduos.

Com o avanço da abrangência da lógica de funcionamento dessas práticas institucionais fundamentais, temos, concomitantemente, um aumento da eficácia capilar dos princípios de organização social e de comportamento individual implícitos na ação de práticas institucionais como mercado e Estado. Passa a ser fundamental, para o tipo de sociedade que se constitui sob esse estímulo, o grau de consciência e de autorreflexividade que os atores e grupos sociais envolvidos e imersos no processo possuem das virtualidades do mesmo. Um "déficit" de articulação pode significar, nesse contexto, não apenas "naturalização da desigualdade", aspecto que desenvolveremos em detalhe a seguir, mas também, por exemplo, ausência de perspectiva de longo prazo e ausência de adequada compreensão da profundidade e da abrangência dos novos comportamentos e papéis sociais que se desenvolviam. Assim, até a derrocada do escravismo (1888) e do império (1889), as novas forças e práticas sociais em ação desde início do século XIX mostram-se ainda sob a lente de distinções e avaliações estamentais da ordem anterior.

É precisamente esse "déficit" de articulação que dá conteúdo à noção de Florestan de uma revolução burguesa "encapuzada". Ela se produz molecularmente, capilarmente, em pequeno, no dia a dia e nas práticas cotidianas, mas sem a articulação consciente e de longo prazo de uma visão de mundo adequada a seus próprios interesses. Esse fato vai ajudar a explicar a mesquinharia e a falta de projetos nacionais de longo prazo de toda a elite brasileira a partir de então. A não compreensão de seu próprio papel vai facilitar um comportamento parasitário em relação ao próprio povo e servil em relação aos interesses das elites estrangeiras percebidas como superiores.

O estatuto do liberalismo entre nós, magistralmente percebido por Florestan, é muito interessante para precisar e, ao mesmo tempo, mediar e limitar o que acabamos de dizer. É que a doutrina liberal vai se transformar, como Florestan percebe com agudeza impecável, no ideário mais adequado para a expressão da visão de mundo e dos interesses da nova sociedade que se formava a partir das entranhas e da lenta decadência da antiga. O ideário liberal era não apenas posterior em relação às práticas das quais ele passa a ser o porta-voz, mas boa parte de sua limitação advinha da sua posição "reativa" em relação à antiga ordem dominante, sendo obrigada a lutar dentro do campo de ação demarcado pelo inimigo.

Sua posição no debate sobre a abolição da escravidão é sintomática, tanto de sua importância quanto de seus limites. Sua importância e ambiguidade ficam claras a partir do fato de que a pregação liberal antiescravista ao mesmo tempo "disfarçava e exprimia o afã de expandir a ordem social competitiva",[13] ao dirigir-se contra a instituição fundamental da antiga ordem para dar-lhe o golpe de morte definitivo, abrindo caminho para uma reorganização nacional segundo os interesses da economia de mercado. Sua limitação fica clara, por outro lado, nos contornos amesquinhados do compromisso final entre as elites que torna a abolição uma "revolução social de brancos para brancos", leia-se, um compromisso intraelite, inaugurando, a partir daí, um abandono secular de uma "ralé", ou seja, uma classe/raça condenada à barbárie, posto que despreparada para enfrentar as novas condições socioeconômicas.

De qualquer modo, o liberalismo fornece uma espécie de "gramática mínima", que permite explicitar os interesses envolvidos na reelaboração de uma nova agenda sociocultural de uma elite recém-saída da dependência e da menoridade, para o desempenho dos papéis exigidos para a inserção no mercado internacional e para a gestão de um aparelho estatal nacional autônomo. O liberalismo passa a vigorar como uma ideologia ou visão de mundo galvanizadora e integradora

---

13 *Ibidem*, p. 19.

dos novos requisitos estruturais e funcionais, tanto da nova ordem legal[14] quanto também da concepção de mundo que articulava uma nascente esfera pública. O discurso liberal, de certo modo, definia as possibilidades e limites da esfera pública que então se formava. Tratá-la como um dado "psicótico", desvinculada da realidade, uma "ideia fora de lugar", ou atribuir-lhe um caráter meramente epidérmico ou de fachada, como um mero adorno ou "máscara social", parece não perceber a dinâmica social de longo prazo, único modo de dar conta da forma pela qual ideias e concepções de mundo se articulam com interesses sociais concretos.

A "gramática mínima", fornecida pelo liberalismo, permitiu a exploração, ainda que titubeante e incipiente, de todo um universo material e simbólico que de outro modo teria permanecido inarticulado. Florestan percebe que a sociedade colonial, localista, provinciana e baseada em relações pessoais, experimenta, por assim dizer, um "choque cultural", burguês e capitalista, que a transforma, paulatina, mas radicalmente, em uma sociedade nacional com relações de dominação crescentemente impessoais. O liberalismo fornece uma linguagem possível para esse processo de abstração e generalização, permitindo a autocompreensão, ainda que limitada, dos próprios sujeitos imersos no processo. As novas funções estatais de grande porte, como fisco, administração centralizada da justiça, rede de serviços, crédito etc., estão associadas ao aumento da significação econômica do comércio, o que implica, por sua vez, o estímulo às profissões liberais, inclusive na imprensa, e a diferenciação de ocupações qualificadas que completam o quadro de expansão e diferenciação social antes inexistente.[15]

É essa revolução política da sociedade nacional integrada, ainda que de modo parcial e incompleto, dada a endêmica escassez de recursos, que permitirá, para Florestan, a "silenciosa revolução socioeconômica"

---

14 *Ibidem*, p. 40.
15 *Ibidem*, p. 48.

que constitui o Brasil moderno.[16] A revolução burguesa lenta e molecular, ou seja, a "revolução encapuzada" de que fala Florestan, é a mais perfeita expressão de um processo de modernização onde as "práticas" institucionais, como a construção de um Estado centralizado e de um mercado competitivo, e suas consequências sociais e psicossociais se impõem quase como realidade material bruta, sem uma correspondente construção de um novo horizonte simbólico e valorativo conscientemente articulado.

O ideário *ex post* do liberalismo, se possibilita a mediação, negociação e legitimação, no curto prazo e no "calor da luta" dos novos papéis sociais, permitindo um "alargamento das esferas psicossociais de percepção da realidade",[17] não logra, por outro lado, realizar, com o alto grau de consciência e intencionalidade que caracterizam os casos europeu e norte-americano, expectativas de longo prazo para a sociedade como um todo. Não houve aqui nenhuma preocupação com a "sociedade ordeira"[18] que caracteriza os esforços de organização social das comunidades puritanas nos Estados Unidos, nem a preocupação, primeiro da elite, e depois das próprias classes subalternas europeias, com os processos de homogeneização e generalização do tipo de personalidade e de economia emocional burguesa. Veremos, ainda neste livro, as graves consequências acarretadas por este fato.

Por mais interessante e refinada que seja a análise de Florestan do processo de modernização brasileira do século XIX, ela apresenta, ao mesmo tempo, deficiências sintomáticas. Perceber a influência das instituições modernas é fundamental. É isso, em última análise, o que o separa de toda a tradição culturalista e pré-sociológica anterior. Mas a simples percepção da eficácia institucional não é suficiente. Florestan

---

16 *Ibidem*, p. 71.
17 *Ibidem*, p. 58.
18 Charles Taylor, *Modern Social Imaginaries*, Durham, Duke University Press, 2003, p. 26.

percebe a "conjuntura" do efeito simbólico da entrada do capitalismo no Brasil, mas ele não reconstrói a "gramática simbólica", ou seja, os princípios morais, cognitivos e afetivos que comandarão todas as nossas avaliações sobre nós mesmos, sobre os outros e sobre o mundo.

O capitalismo não é "neutro". Esse ordenamento econômico pressupõe a eleição de uma certa visão de mundo e de como os seres humanos devem viver e se comportar. De acordo com essa seletividade, alguns vão ter privilégios positivos e outros vão ser condenados à marginalidade e à exclusão. É necessário reconstruir, portanto, o sistema de classificação social que as instituições secretam de modo implícito e silencioso que vai comandar todas as nossas avaliações sobre o mundo social, quer saibamos disso ou não. Existe uma concepção de sujeito, uma concepção de personalidade, e todo um esquema de avaliação silencioso e pré-reflexivo (ou "inconsciente") que vai produzir a sensação do privilégio ou de reconhecimento social em uns e a sensação da humilhação objetiva e sem escapatória em outros. Sem explicitar ou "articular" essa gramática implícita, não sabemos as causas últimas dos comportamentos sociais que observamos.

As questões centrais aqui são: que valores são estes que nos guiam sem que tenhamos consciência deles? Como tais valores penetram os seres humanos de modo pré-reflexivo e subliminar determinando nosso comportamento prático? Como podemos provar e ter certeza da existência desses valores se, normalmente, não percebemos conscientemente sua existência? A procura para as respostas para essas questões guiou toda a minha vida, seja como intelectual preocupado com questões teóricas e abstratas, seja como pesquisador empírico interessado em determinar as causas do comportamento prático que observamos na vida cotidiana.

Nem Florestan nem Marx, inclusive, homens de suas épocas, fizeram esse trabalho. Sem dúvida, o pressuposto para essa reconstrução são progressos decisivos na teoria social e na filosofia da segunda metade do século XX. Para minha reconstrução, que analisarei em detalhe mais à frente, foram decisivas as contribuições de Pierre Bourdieu, que revolucionou a teoria social moderna, e as reconstruções filosóficas de Jürgen Habermas e, muito especialmente, a abordagem neo-hegeliana de Axel Honneth e Charles Taylor. Bourdieu me ajudou a compreender melhor as duas últimas questões que mencionei anteriormente: 1) como os valores reproduzidos institucionalmente "entram" nos indivíduos de modo automático, se tornando "corpo"; e 2) se os indivíduos não têm consciência dos valores que os comandam, como podemos provar, empiricamente, que são estes valores e não quaisquer outros?

A teoria bourdieusiana permite compreender como nenhuma outra, precisamente, como os seres humanos podem ser comandados por valores e predisposições acerca dos quais não possuem a menor "consciência". A ênfase de Bourdieu se localiza na percepção da importância da socialização familiar e escolar e no seu poder de incorporação pré-reflexiva de toda uma concepção valorativa e avaliativa arbitrária do mundo que passa a ser percebida como a única possível. A incorporação das figuras centrais da família, na fase decisiva da primeira infância, se dá de modo exemplar e afetivo, sem passar pelo crivo da crítica racional. "Incorporamos", literalmente, ou seja, tornamos disposições "corporais" imediatas, afetivas e pré-reflexivas, tanto o comportamento como a visão de mundo de pai e mãe — ou quem represente essas figuras — e já possuímos, portanto, em tenra idade, todo um sistema classificativo e avaliativo que vai ser herdado de modo não consciente. Isso mostra o quão ingênua é a nossa percepção de senso comum de que "escolhemos livremente", enquanto adultos, os valores que nos guiam. Na verdade, herdamos "inconscientemente" toda uma hierarquia moral e valorativa que predetermina todas as escolhas que imaginamos, infantilmente, ser de nossa livre escolha.

Ainda que algumas destas "disposições", herdadas de modo invisível e imperceptível ao adulto mais tarde, possam ser modificadas na vida adulta, por experiências afetivas e críticas refletidas, boa parte do que somos continua em nós em nosso *habitus*, ou seja, sob a forma de um conjunto de predisposições que orientam o nosso comportamento prático sem mediação reflexiva. É o nosso comportamento prático e efetivo que passa a ser o foco de atenção, e não as fantasias que todos criamos e que temos na "cabeça" para tornar a vida mais palatável. Isso esclarece, portanto, a discrepância que existe em todos nós, em medida variável, entre o que imaginamos que somos e aquilo que realmente somos. Quase sempre, temos uma visão idealizada da única vida que temos de modo a legitimá-la e poder seguir vivendo, mas é o nosso comportamento efetivo corporal, espontâneo e imediato, herdado de nossa socialização familiar e escolar, que revela quem realmente somos.

O nível de sofisticação da análise social, seja de indivíduos, grupos, ou sociedades inteiras a partir da análise empírica dos *habitus* de indivíduos e grupos, e não partindo das autojustificações e fantasias que povoam nossa existência cotidiana, aumenta exponencialmente. É possível analisar empiricamente essa dimensão mais profunda e verdadeira. Basta atentar às reações inconscientes, ao comportamento observável, as imprecisões e lacunas das entrevistas realizadas, repetir entrevistas, até construir um tipo social, o qual, em grande medida, será muito diferente daquele que imaginamos passar conscientemente para os outros. Levando essa ideia à sua maior amplitude, temos a possibilidade de se reconstruir toda a articulação entre indivíduos e classes sociais segundo outros critérios, também mais profundos e verdadeiros do que a concepção que normalmente temos sobre o mundo social. Concepção esta que temos apenas "da boca para fora", para fins de autolegitimação, a qual, em grande medida, é formada pela ação cotidiana da imprensa, da mídia em geral e da indústria cultural no sentido do "politicamente correto".

A partir de uma análise teórica e empírica como esta, Bourdieu conseguiu mostrar, por exemplo, como a procura pelo "bom gosto", com seus símbolos visíveis como a forma de falar, de beber vinhos caros, de comer, de morar e de se vestir legitimava uma desigualdade prática e cotidiana, independentemente, mesmo em países mais igualitários, da letra legal da lei que exige igualdade formal. Ele conseguiu mostrar algo que antes ninguém via: como passa a existir uma solidariedade entre os que compartilham o mesmo "estilo de vida", que legitima, por sua vez, o desprezo contra os que não participam deste mundo exclusivo, legitimando, assim, uma dominação social "invisível" enquanto tal pelos próprios indivíduos, tanto os que as praticam quanto os que as sofrem.

Mais ainda, caro leitor e cara leitora. Ao se chegar a esse nível de sofisticação, tanto teórica quanto empírica, é possível também reconstruir todo o sistema de classificação e avaliação do mundo social que efetivamente nos orienta, nos guia e nos determina, quase sempre, sem que tenhamos a menor ideia disso. É possível dizer o que move as pessoas e os grupos em luta por recursos escassos, e determinar quais as necessidades que estão por trás de comportamentos aparentemente irracionais.

Para responder essa questão, no entanto, Bourdieu não é suficiente. Para ele, afinal, os valores que nos guiam, ou seja, os critérios valorativos que nos dizem o que é superior ou inferior, ou o que faz uma pessoa ser mais respeitada ou admirada do que outra, é apenas um pretexto para melhor humilhar e oprimir a partir de uma falsa justificativa. Embora isso seja muitas vezes verdade, levar este raciocínio ao seu limite equivale a negar qualquer possibilidade de aprendizado real para indivíduos e sociedades. E por mais violenta que seja a história humana, o aprendizado é inegável, tal qual, por exemplo, a interdição do assassinato como meio de resolução de conflitos. A importância de se tematizar tanto o aprendizado quanto a opressão me foi possível pelo estudo das obras das diversas gerações da assim chamada "escola de Frankfurt", muito especialmente, Jürgen Habermas e, acima de tudo, Axel Honneth. A teoria neo-hegeliana do "reconhecimento social" permite reconstruir o horizonte empírico de sociedades inteiras segundo uma nova interpretação a qual permite sopesar avanços e atrasos relativos sem apelar para "racismos" fenotípicos ou culturais.

É possível se reconstruir todo o desenvolvimento do Ocidente moderno a partir da oposição, invisível e "inconsciente" para as pessoas, entre espírito e corpo. Se se quer oprimir e explorar alguém ou todo um grupo social ou ainda uma sociedade inteira, é necessário associá-la à animalidade, ou seja, aos afetos e, portanto, à reatividade emocional, infantilizando-os e os associando à corrupção, por exemplo, como no caso atual do Brasil e do Sul global. As culturas, classes, gêneros, ou "raças" superiores são associadas à inteligência, à correção moral, à fruição estética, ou seja, precisamente, às dimensões seculares do espírito, como nos ensinou Kant. No meu livro mais recente, *Como o racismo construiu o Brasil*, faço uma reconstrução detalhada de minha apropriação peculiar dessas correntes teóricas para a análise do caso brasileiro e do Sul global.

Para minha análise, é fundamental perceber, primeiro, a herança ocidental brasileira, dada a compreensão dominante de um Brasil "ibérico", ou seja, precisamente como uma sociedade não ocidental e "orientalizada" para melhor saqueá-lo e humilhar seu povo. E, a partir disso, uma reconstrução tanto teórica como empírica que passa a estar centrada na experiência da escravidão com máscaras modernas. Isso implica que o potencial de generalização do respeito a todos os cidadãos, aberto pelo aprendizado ocidental, é reduzido ao mínimo. A necessidade que todos temos de "reconhecimento" de nosso valor enquanto indivíduo não é universalizada, como nas sociedades mais igualitárias, mas se transforma em reconhecimento às custas dos outros, a partir da humilhação do mais fraco, desempenhando o racismo racial, aqui, um papel central.

Compreendido deste modo, abre-se a perspectivas novas antes inexistentes: 1) o racismo científico contra o Sul global é criticado por dentro e nos seus pressupostos antes invisíveis. Afinal, o caso brasileiro é extremamente próximo do norte-americano, desmentindo o culturalismo barato, também comandado pelo racismo racial e suas máscaras; 2) ao mesmo tempo, evita-se a admiração basbaque de países centrais tidos como modelos absolutos, que é precisamente a intenção dos modelos que "orientalizam" o Brasil e a América Latina; e 3) é sempre possível, apesar disso, o aprendizado com as experiências de outros países, já que percebidos agora como resultados de processos históricos contingentes e não de qualquer forma de supremacia cultural, como em todas as interpretações anteriores.

É isso que faz a interpretação que proponho mais vigorosa e mais crítica que qualquer das tradições anteriores existentes no Brasil. Contra o "culturalismo" dominante, criticado neste livro em detalhe, temos não só a explicitação do seu conteúdo servil e racista, mas principalmente a denúncia de seu elitismo e de seu racismo pseudocientífico contra o próprio povo. Uma ciência para melhor humilhar e não para libertar e emancipar. E, como avanço em relação ao enfoque de Florestan, temos a reconstrução de toda a gramática moral subjacente às lutas por reconhecimento, que Florestan Fernandes percebeu apenas conjunturalmente, em fragmentos históricos e nos seus efeitos mais visíveis. É necessário, no entanto, reconstruir toda a gramática moral "invisível" a olhos destreinados, que comandam o mundo social. Sem isso, não se reconstrói uma ciência crítica brasileira e periférica. Uma análise conjuntural e incompleta não logra substituir antigos paradigmas conservadores já que produz uma análise datada e fragmentada. A reconstrução teórica verdadeira tem que ser totalizante, senão a velha concepção dominante entra por todos os poros e enfraquece a nova visão. E ainda agregar a isso, como fiz, o estudo empírico de todas as classes sociais, para determinar nossos conflitos mais estruturais e que mais nos impedem de nos tornar uma sociedade democrática e igualitária. Essa é a novidade que está em jogo aqui. Ela permite ver o que não se via antes: uma compreensão da sociedade em sua totalidade, possibilitando uma nova percepção e hierarquização de seus conflitos e uma nova compreensão de sua história. É sobre isso que discutiremos em detalhe a seguir.

7. RECONSTRUINDO A TEORIA CRÍTICA DA SOCIEDADE NO BRASIL E NO SUL GLOBAL

A partir daqui, o espaço é reservado à minha própria interpretação do processo de modernização brasileiro, acerca de seus limites e de suas peculiaridades. Minha leitura vai ser influenciada por uma série de pensadores contemporâneos, dos quais retiro reflexões parciais, sem seguir ninguém de modo completo e sem ressalvas, que julguei importantes para reinterpretar o Brasil de modo alternativo, mais sofisticado e mais crítico. Na minha interpretação, o Brasil é produto da expansão do Ocidente, e não um planeta verde-amarelo construído a partir da história ibérica. Assim, a primeira questão que se impõe é compreender as diferenças entre o Brasil e as sociedades avançadas do centro do capitalismo. O que temos em comum e o que temos de distinto em relação a elas? Como estas diferenças foram construídas e quais são suas consequências para o tipo de sociedade em que vivemos? É a partir destas questões fundamentais que vamos, passo a passo, avançar no sentido de uma nova compreensão da sociedade brasileira e, por consequência, do Sul global como um todo.

Como podem ser percebidas semelhanças em sociedades aparentemente tão distintas como a alemã ou a sueca com a sociedade brasileira ou mexicana? Acho que a contribuição de Pierre Bourdieu também pode ser decisiva aqui. Como se sabe, a "teoria dos capitais" em Bourdieu é o elemento mais abstrato de sua análise das sociedades do capitalismo tardio. Bourdieu percebe os capitais econômico e cultural como os elementos estruturantes de toda a hierarquia social moderna. Acho fundamental se perceber com toda a clareza que isso vale tanto para países como França e Alemanha quanto para países como México, Brasil ou África do Sul. Com isso, quero dizer que toda a luta social por recursos escassos — a questão central para a compreensão da dinâmica profunda de qualquer tipo de sociedade — em qualquer uma das sociedades mencionadas é decidida pelo acesso diferencial a esses capitais impessoais.

Esse aspecto é o decisivo porque permite a compreensão da luta diária de indivíduos e grupos sociais por todos os interesses materiais e ideais em jogo na vida social. Se a ciência deve, antes de tudo, separar o principal do secundário, não existe aspecto mais importante do que o estudo daquilo que decide sobre as chances de vida de todos nós em todas as dimensões da vida social, ou em todos os "campos" sociais, como prefere Bourdieu. Qualquer outro aspecto é, em relação ao tema, "secundário".

Esse esclarecimento é fundamental para a minha tese: se a articulação entre os capitais impessoais econômico e cultural é o ponto de partida para a compreensão da dinâmica social moderna como um todo — e muito especialmente da hierarquia social que decide sobre quem é superior e quem é inferior nesse tipo de sociedade —, então é justo afirmar que sociedades como México, Brasil ou África do Sul são sociedades do mesmo tipo que Estados Unidos, França ou Alemanha. Não há qualquer diferença essencial acerca do modo como se estruturam as classes sociais em luta, por exemplo, no Brasil ou na Franca. É o acesso a capital cultural sob a forma de capital escolar e herança familiar que garante a formação da moderna classe média brasileira enquanto uma classe do "trabalho intelectual" por oposição, por exemplo, ao "trabalho manual" das classes sem acesso significativo ao mesmo tipo de capital. É a mesma diferença que garante a separação — e o acesso a todos os privilégios materiais e ideais envolvidos nessa disputa — entre a classe média francesa e a classe trabalhadora francesa ou composta por imigrantes.

Não há qualquer diferença também — aspecto talvez ainda mais importante — na forma como a "distinção social" é naturalizada e legitimada em ambas as sociedades. Não apenas os capitais impessoais envolvidos no processo de classificação e desclassificação social operam segundo os mesmos princípios, mas também a "violência simbólica", que encobre, distorce e permite a legitimação da dominação social no capitalismo tardio se dá do mesmo modo nas sociedades avançadas e periféricas. Afinal, tanto no Brasil quanto na Inglaterra ou na França a naturalização da desigualdade é possível pela sutil violência da "ideologia da meritocracia". Existem exemplos insofismáveis desse fato na pesquisa empírica que discutiremos a seguir acerca da moderna "ralé" brasileira. Como explica Bourdieu, a "ideologia da meritocracia" esconde sistematicamente a "produção social" dos desempenhos diferenciais entre os indivíduos, tornando possível que o desempenho diferencial "apareça" como diferença de talentos individuais e inatos.

Se tanto a produção da hierarquia social quanto a produção da dominação social são obtidas segundo os mesmos princípios, então a dinâmica da vida social entre as sociedades avançadas e periféricas é fundamentalmente semelhante. A produção artificial de uma "diferença substantiva" entre esses tipos de sociedade tem que ser explicada como um dos mecanismos da própria dominação social em escala global por meio do racismo científico. Em Luhmann, como vimos, o que separaria os dois tipos de sociedade de modo tão essencial seria a presença de "redes de relacionamento" ubíquas e todo-poderosas nas sociedades periféricas, parasitando, para seus próprios fins, tanto a autonomia e o grau de liberdade dos sistemas sociais quanto a capacidade decisória das organizações. O pressuposto do argumento de Luhmann é, portanto, que não existem "redes de relacionamento" pessoais decidindo o destino das pessoas nas sociedades avançadas.

Mais uma vez, Bourdieu pode nos ajudar a esclarecer esse ponto. O que Bourdieu chama de "capital social" pretende dar conta precisamente do mesmo problema. O acesso ao capital social de relações pessoais em

Bourdieu, no entanto, ainda que seja decisivo para as chances de sucesso individual em qualquer contexto, é percebido como secundário em relação aos capitais impessoais econômico e cultural. Em outras palavras, o acesso a relações pessoais privilegiadas, como já comentamos anteriormente, só é possível a quem já disponha de capital cultural e econômico (ou o leitor e a leitora conhecem alguém com acesso privilegiado a relações pessoais vantajosas sem capital econômico ou cultural?).

Omitir a ação primordial desses capitais impessoais, como faz Luhmann, DaMatta e a imensa maioria dos teóricos nesse tema, equivale a omitir a luta de poder e de classes envolvida na apropriação diferencial de capital econômico e cultural. O que "aparece" são apenas pessoas positiva ou negativamente privilegiadas pelo acesso a relações pessoais vantajosas. Pior ainda. Constrói-se uma percepção de sociedades dinâmicas e complexas — ainda que desiguais e injustas —, como a brasileira, que passa a ser percebida como uma sociedade tradicional e pré-moderna cuja hierarquia social seria construída pelo acesso diferencial a relações pessoais e familiares.

Essas escolhas teóricas não são apenas percepções parciais da realidade sem vinculação com a realidade política. Ao contrário. E na demonstração disso, a realidade brasileira pode ser muito informativa. A concentração da atenção nos processos de construção de "redes de relacionamento" para auferir vantagens permanentes, supostamente existentes apenas em sociedades como a brasileira, cria a ilusão de que não existe luta de classes. A opacidade do processo social de apropriação diferencial dos capitais impessoais que decidirá, a partir do pertencimento de classe, o acesso privilegiado a todos os bens e recursos escassos é reforçada pela opacidade teórica, que o torna literalmente invisível. Pior ainda. Constrói-se a ilusão de que esse tipo de aporte teórico, que torna visível relações pessoais e esconde as relações objetivas e impessoais mais importantes e decisivas, permite a crítica de práticas moralmente reprováveis e que aparece, portanto, ao leitor, com o "charminho crítico" de uma leitura crítica da realidade, quando é precisamente seu oposto.

Com isso, criam-se falsos problemas e falsas prioridades, como cruzadas moralistas contra a corrupção que passam a ocupar o lugar da atenção às questões básicas de distribuição desigual em todas as dimensões. A realidade social não é visível nem compreensível a olho nu. Pode-se ver a pobreza e a miséria de muitos e desconhecer as causas que produzem essa situação. No Brasil, por exemplo, o brasileiro médio percebe as mazelas sociais brasileiras como produto da corrupção sistêmica — e apenas na "política", como já vimos —, assim como Luhmann e DaMatta a perceberam. A "boa consciência" das classes privilegiadas torna-se perfeita, já que o problema está sempre longe, na corrupção estatal, por exemplo, permitindo uma perfeita legitimação de práticas cotidianas de exploração e humilhação produzidas pelos proprietários do mercado.

As classes média e alta de uma sociedade como a brasileira não possuem apenas o mesmo privilégio de consumo de seus pares europeus e norte-americanos. No Brasil, essas classes contam ainda com um verdadeiro exército de mão de obra barata sob a forma de empregadas domésticas, babás, faxineiras, porteiros, office boys, motoboys que permite poupar tempo para atividades bem remuneradas e reconhecidas, além de minorar, por exemplo, a luta de gênero nessas mesmas classes "transformada" em luta de classes invisível.

Chamar atenção a problemas aparentes ou criar falsas oposições tem sempre o fim de nos cegar em relação a conflitos reais e mais importantes. A percepção de países periféricos dinâmicos como se os mesmos funcionassem como sociedades pré-modernas, personalistas e corruptas serve, antes de tudo, para encobrir relações de poder injustas e desiguais, tanto na dimensão internacional quanto na dimensão doméstica, e legitimar o seu saque pelas sociedades centrais.

É precisamente neste ponto que a obra de Pierre Bourdieu pode, talvez, desempenhar um papel ainda maior do que tem tido hoje em dia. Sua teoria dos capitais pode ser a base de uma nova compreensão do capitalismo global e de seus efeitos díspares em cada contexto peculiar.

Ela pode fornecer o fundamento teórico para uma verdadeira teoria crítica da modernidade e da modernização onde a luta de classes — internacionalmente percebida — pelo acesso a bens e recursos escassos tenha a primazia da análise. Julgo que o tema marxista da "ideologia espontânea" do capitalismo possa, desse modo, ser reconstruído de modo mais crítico e teoricamente mais refinado do que foi o caso até agora. No entanto, penso também que existem unilateralidades e falhas importantes no esquema bourdieusiano que devem ser superadas para que o mesmo possa ser aproveitado em toda a sua riqueza. O ponto que acho digno de crítica em Bourdieu é o que gostaria de chamar de "contextualismo moral".

Três textos de Bourdieu são fundamentais para meu escopo aqui: os seus escritos sobre a Argélia e sua obra coletiva sobre a miséria do mundo.[1] Os escritos sobre a Argélia são especialmente interessantes, posto que Bourdieu, neste livro, combate precisamente os mesmos "inimigos" de qualquer teoria ou aporte crítico: o modelo econômico racional, implícito em todas as variantes antigas ou modernas da teoria da modernização — que pressupõe adaptações automáticas à "racionalidade" econômica —, assim como as formas da época assumidas pelo "culturalismo" antropológico. Já neste estudo, encontramos como categoria "prática", ainda que não desenvolvida em todas as suas virtualidades, a grande contribuição, para mim pelo menos, de Bourdieu ao debate sociológico: a percepção de que a sociedade é dividida em grupos sociais com acesso diferencial a disposições para o comportamento prático assimiladas insensivelmente através da educação implícita e explícita na família e na escola.

Essa noção de classe social como aprendizado, em grande medida inintencional, de disposições para crer e agir na socialização familiar e escolar, põe a percepção da vida social de sociedades modernas verda-

---

[1] Pierre Bourdieu, *Sociologie de l'algerie*, Paris, PUF, 2012; Idem, *Travail et travailleurs en Algerie*, Paris, Raisons D'Agir, 2021; Idem, *Algérie 60*, Paris, Editions Deminuit, 1977.

deiramente em outro patamar de refinamento teórico e empírico. Foi essa percepção da centralidade da noção de classe social, compreendida como construção sociocultural e não apenas econômica, que permitiu compreender a dinâmica das lutas de uma sociedade complexa — como a sociedade francesa estudada em *A distinção* — de modo absolutamente novo, crítico e desilusionista. A novidade estava em perceber a atuação — não perceptível intencionalmente pelos atores envolvidos — de uma lógica de solidariedades e preconceitos, destinada a legitimar o acesso privilegiado e permanente a bens e recursos escassos, produzida subliminarmente e apenas perceptível aos envolvidos nos seus efeitos.

No caso da Argélia colonial estudada por Bourdieu, o argumento central do livro se refere, também, já desde essa época, às condições variáveis de incorporação das "disposições do cálculo econômico", percebida então, e ainda hoje, como efeito automático da introdução da economia monetária. Bourdieu consegue perceber que noções "naturalizadas" pela percepção cotidiana como "universais" — apenas por serem apropriadas de modo implícito e invisível pela educação das classes médias e privilegiadas — são aquelas que vão fundamentar a existência de uma fronteira entre os adaptados à ordem social dominante e os setores inadaptados condenados à pobreza e à humilhação social cotidiana.

Assim, a ideia central da apropriação diferencial, definida pelo pertencimento à classe social, das disposições associadas à noção de "temporalidade" — como a possibilidade do cálculo econômico, à capacidade de previsão ou ainda a capacidade de projetar um futuro alternativo — é toda decorrente não do milagre do "mérito individual", mas das precondições sociais, familiares e escolares, que a possibilitam. Aos meus olhos, não existe nenhuma ideia mais importante do que essa no horizonte da teoria social crítica, pela simples razão de que apenas ela permite a desconstrução crítica de todo o arcabouço legitimador de todas as formas de desigualdade social em condições modernas. Dito de outra maneira, o "sucesso" no capitalismo depende da existência de certas precondições psicossociais, como disciplina, autocontrole, pensamento prospectivo, que formam uma espécie de "*habitus* primário", sem as quais não existe nem trabalho produtivo nas condições capitalistas, nem condução racional da vida individual. As famílias das classes privilegiadas, como a classe média, assim como, ainda que em proporções distintas, da classe trabalhadora, recebem de "berço" a transmissão insensível dessas precondições psicossociais que são a chave de qualquer sucesso na escola ou no mundo do trabalho mais tarde. Nada disso depende, portanto, do "mérito individual", mas se refere a um privilégio invisível transmitido pela socialização familiar antes de tudo, pela incorporação afetiva e "inconsciente" do exemplo dos pais ou de quem exerça este papel.

Ao estudar sistematicamente a obra de Pierre Bourdieu, no começo dos anos 2000, minha atenção se voltou precisamente a esta questão: e as classes sociais, produto de famílias abandonadas e desestruturadas, que reproduzem através do tempo não as precondições para adaptação às demandas do capitalismo, mas, ao contrário, reproduzem, também, por exemplos afetivos entre gerações, sua inadaptabilidade produzida por um "*habitus* precário" sem disciplina e autocontrole, e portanto sem "capacidade de concentração" na escola, por exemplo, e sem pensamento prospectivo, ou seja, incapaz de pensar e planejar um futuro provável? Afinal, estas são as dificuldades que marcam o cotidiano dos marginalizados brasileiros, cerca de 40% da população. Minha intuição desde sempre foi que este é o grande problema brasileiro e o responsável direto por todas as nossas mazelas: o abandono de quase metade da população brasileira à barbárie sob condições capitalistas.

O problema do Brasil não é ser pré-moderno, ou marcado por uma falsa herança maldita de corrupção. Espero ter deixado isso claro como a luz do Sol a qualquer leitor com os argumentos elencados anteriormente neste livro. Minha questão principal desde então passou a ser: como e por que isso se perpetua entre nós? Que esquema de dominação serve a isso? Como se retira a autoestima destas pessoas para as deixar sem capacidade de reação? E ainda: de que modo a construção de uma "ralé social" de inadaptados e sua perpetuação passam a ser de interesse das classes acima dela? Bourdieu me ajudou a pensar a sociedade brasileira de modo completamente novo: uma nova hierarquia de questões e problemas se impõem e, mais importante, novas soluções abertas por um novo método não ingênuo de fazer pesquisas empíricas. Foi isso que animou o meu projeto de investigar empiricamente todas as classes sociais do Brasil nos últimos vinte anos. Meu mote foi compreender o que fazia com que essa classe e sua marginalidade fossem perpetuadas. Isso tudo apesar da óbvia irracionalidade presente na exclusão de tanta gente gerando insegurança, racismo, ressentimento, pobreza e todas as mazelas brasileiras. Em resumo: compreender como a exclusão gratuita de tanta gente se transforma em um "projeto político" das classes acima dela? De tal modo que explicasse por que todos os governos que tentaram incluir estes excluídos fossem, invariavelmente, derrubados por golpes de Estado?

Não obstante, existem também deficiências importantes na perspectiva bourdieusiana e elas podem ser percebidas desde os textos sobre a Argélia assim como no decorrer de toda a sua obra. Ainda que Bourdieu seja um crítico perspicaz das teorias da modernização — dominantes à época de seu estudo na Argélia, e ainda hoje sob formas mascaradas inclusive no texto luhmanniano comentado anteriormente —, ele termina sendo vítima de algumas das pressuposições típicas das próprias teorias da modernização, como, por exemplo, a pressuposição da "transitoriedade" da condição subproletária — ou seja, daquela classe à qual faltam os pressupostos "invisíveis" para o sucesso econômico e social — no capitalismo. Essa tese não é explicitada enquanto tal por Bourdieu, mas a sua perspectiva a pressupõe. Afinal, os subproletários argelinos são percebidos como fruto do êxodo rural para a cidade — um dos temas mais típicos da teoria da modernização — e da disparidade de códigos sociais vigentes em cada um desses universos.

Uma pergunta central nunca colocada nesse contexto é a que permitiria explicar a permanência da condição subproletária no tempo. Como em várias das análises bourdieusianas, a extraordinária acuidade em se perceber o "contexto" pragmático das lutas sociais, que consome toda sua energia teórica e empírica, o impede de perceber "constantes universais" — pelo menos tão universais quanto o capitalismo — que permitiriam perceber o contexto particular e concreto como manifestação de uma lógica social mais ampla.

Se a atenção ao contexto imediato é fundamental — afinal é onde a luta e o conflito se realiza e se mostra de modo mais direto —, a "prisão ao contexto", por outro lado, impede a percepção de uma hierarquia social universalizante e abrangente, ainda que ela se apresente, em cada contexto peculiar, com acentos e nuances distintos. Se a atenção ao contexto permite perceber os "efeitos" de uma moralidade incorporada nos agentes subjetivamente, a prisão ao contextual, por outro lado, nos cega em relação a uma moral objetivada em instituições e, por isso mesmo, se mostra eficaz independentemente de contextos particulares, ainda que varie na sua forma concreta de acordo com esses mesmos contextos.

Mas, como se apresenta essa "moralidade contextual" na obra de Bourdieu e de que modo concreto ela pode ser percebida como uma limitação fundamental de sua abordagem? Ainda que Bourdieu fale diversas vezes na sua obra-prima *A distinção* sobre a oposição alma/corpo como fundamento de percepções de classe antagônicas, ou, no livro sobre a "dominação masculina" como fundamento da oposição homem/mulher, não existe uma reconstrução dessa hierarquia valorativa como uma estrutura institucional objetiva transcultural e transclassista que afeta todos os contextos da luta de classes em todas as "culturas" capitalistas.

Essa limitação de seu escopo teórico pode ser percebida muito especialmente no seu livro mais importante: *A distinção*.[2] Neste livro, afinal,

---
2 Pierre Bourdieu, *A distinção*, São Paulo, Azouk e Edusp, 2012.

Bourdieu se propõe uma análise totalizante da sociedade francesa da segunda metade do século XX. Esse é o verdadeiro teste para sua teoria, dado que ela tem que responder ao desafio da explicação mais abrangente e desafiadora possível. Nesta obra, todas as pseudolegitimações morais da superioridade social, muito notadamente na distinção sutil pelo "bom gosto", que encobre e legitima privilégios injustos de todo tipo — que é, precisamente, o mote do livro —, são sempre meras "racionalizações", no sentido freudiano do termo, de um interesse material ou ideal que se recusa a se mostrar enquanto tal. Nesse sentido, não existe, para Bourdieu, legitimação moral que não seja "encobrimento de um interesse que não se manifesta enquanto tal". Todas as lutas entre as classes e suas frações são permeadas por uma necessidade de justificação que "distorce a realidade" ao limite de tornar o interesse material ou ideal em jogo irreconhecível. Essa "atenção ao contexto" é muito compreensível, posto que os interesses inconfessáveis sempre se mostram em contextos específicos.

No entanto, ao não reconstruir em toda a sua extensão a gênese da lógica de uma hierarquia moral que extrapola contextos particulares, como faremos mais adiante, o que Bourdieu deixa de perceber é a própria dimensão moral enquanto "aprendizado moral". A dimensão moral não é apenas "utilitária" no sentido de que serve sempre para encobrir interesses inconfessáveis. Ela também constrói novos patamares transclassistas de aprendizado moral, onde a própria luta de classes por recursos escassos de todo tipo se dá dentro de um quadro de referências novo. Um exemplo concreto talvez ilustre melhor o que digo. Quando Norbert Elias fala, por exemplo, que a competição social muda de patamar com a internalização do superego, como processo ligado ao monopólio da violência pelo Estado, levando à consequente "pacificação" da competição social, na medida em que resolver as querelas pessoais pelo assassinato deixa de ser uma hipótese viável, estamos tratando de um óbvio exemplo de "aprendizado moral".

Se na Roma do século XVII era possível matar o opositor com uma espada na rua sem que grandes consequências houvesse, hoje em dia as consequências, como a prisão, são muito mais prováveis. A competição social tende a assumir uma forma exterior mais "pacífica", ainda que a intriga, a inveja, o ressentimento sejam os motivos dominantes. Que as pessoas tendam a substituir o "assassinato real" pelo "assassinato social" da reputação na competição social, parece-me óbvio avanço dos patamares da moralidade que abrange todas as classes e frações em luta por recursos escassos dentro de um novo contexto que define limites mais estritos para a rivalidade e a desavença legítimos. Dito de outro modo, mesmo que a mentira e a fraude ainda sejam a regra da vida social, os indivíduos e classes em luta podem mediar suas interações segundo princípios de moralidade que são muito distintos entre si. E alguns são melhores, ou, pelo menos, menos piores que os outros.

Esse não é um problema menor desse clássico da sociologia de todos os tempos, talvez tão importante quanto o trabalho de Max Weber ou Karl Marx, que é o trabalho de Pierre Bourdieu. O que Bourdieu nega ao relativizar todo juízo moral e mostrar seu caráter meramente instrumental é o fato de que os indivíduos, as classes, e as sociedades "aprendem moralmente", ainda que a custo de sofrimentos inauditos, guerras e muito sangue derramado. Esta ideia de aprendizado moral possível foi reconstruída por Axel Honneth em sua releitura do conceito de reconhecimento social em Hegel.

O avanço nas formas de reconhecimento social se torna facilmente compreensível, por exemplo, na expansão gradual da noção de cidadania desenvolvida por T.H. Marshall.[3] A passagem dos direitos civis, depois dos direitos políticos, e mais adiante dos direitos sociais, como realizados em várias sociedades do Ocidente, representa perfeitamente a dinâmica espiral de aprofundamento de demandas cada vez mais exigentes por reconhecimento social pleno para todos os cidadãos. O

---

3 Marshall, T.H., *Citizenship and Social Class*, Londres, Pluto Press, 1997.

aprofundamento dos direitos de cidadania envolve um inegável processo de aprendizado social e moral no sentido de se garantir as precondições para o exercício da cidadania autônoma e reflexiva.

É o processo de aprendizado de formas mais aprofundadas de reconhecimento social, afinal, que pode nos dizer para onde estamos indo e se a orientação é desejável. Se não temos isso claro, torna-se difícil problematizar a questão central para as ciências sociais da "mudança social". Se toda mudança é apenas o mesmo sob outros disfarces — embora sem dúvida a grande maioria das mudanças seja desse tipo —, então não existe mudança social possível e o mundo é só reprodução do mesmo. Bourdieu paga um preço caro por sua atenção ao contexto e sua instrumentalização da moralidade ao tornar impossível determinar o que é "aprendizado moral", ou seja, o que é aprendizado individual e coletivo, sem que sejam necessariamente um mero adorno falso de um esquema de dominação. Bourdieu, como vimos, não deu esse passo teórico. Os estudos sobre a Argélia permanecem um estudo isolado de um caso particular. Também os estudos realizados no *A miséria do mundo* em vários países, por mais interessantes e provocativos que sejam, na verdade, não dão o salto qualitativo de explicitar a lógica moral e política mais abstrata e geral subjacente a todos os processos analisados.

Ainda que Bourdieu tenha fornecido instrumentos valiosos para essa empreitada, minha opinião é que ele não logrou reconstruir a lógica geral e abrangente dos fenômenos que percebia, contextualmente, tão bem. A reconstrução dessa lógica abstrata e geral é fundamental para mim, posto que apenas ela permite construir uma "teoria crítica da modernização" em todos os rincões do planeta onde a lógica da modernização capitalista logrou se institucionalizar. É essa lógica, afinal, que pode superar o "jogo de espelhos" entre uma teoria da modernização ainda dominante sob outras formas "práticas" — políticas de órgãos mundiais, no senso comum culto de sociedades centrais e periféricas, assim como na indústria cultural para as pessoas comuns — e suas imagens especulares dos países periféricos com quem divide, na realidade, todos os pressupostos teóricos e metateóricos principais. Acima de tudo, o esquecimento da luta de classes e sua substituição por conceitos compósitos que ofuscam conflitos e contradições, como nação, cultura, região ou civilização. Assim sendo, para demonstrar como essa lógica abstrata e geral do capitalismo, que se expande para todo o globo, implica uma luta de classes que é, na verdade, global, é necessário reconstruir e expandir o ponto de partida contextual bourdieusiano adicionando-lhe uma dimensão não contextual, objetiva e universal que Bourdieu não levou às últimas consequências por razões internas ao seu ponto de partida teórico.

Nos seus estudos sobre a Argélia, Bourdieu cita, muito sintomaticamente, a ideia weberiana de que o capitalismo produz e exige um "cosmos" específico, ou seja, um *"ethos"*, um conjunto de disposições para crer e agir, ou seja, um conjunto de crenças e de estímulos para o comportamento, que é um pressuposto de qualquer comportamento "bem-sucedido" em um contexto capitalista. Esse tema é fundamental porque em todas as abordagens liberais e politicamente corretas ou esse pressuposto é esquecido — o *homo economicus* liberal é generalizado como se suas disposições para o comportamento fossem de todas as classes —, ou se intenta "defender culturas oprimidas" como se não houvesse um contexto objetivo que as torna "objetivamente desvalorizadas", independentemente da "vontade", supostamente benévola de quem quer que seja. Desse modo, a reconstrução "genética" desse *"ethos"* ou "cosmos" me parece o maior desafio de uma teoria crítica com ambições globais.

E como se pode mostrar a lógica global de uma luta de classes mascarada e tornada invisível precisamente pela percepção fragmentária e contextual que só percebe noções compósitas como "nações", "culturas" e "regiões" — onde a contradição e o conflito já foram eliminados desde o início — como realidades primárias? A meus olhos, a crítica social tem que começar demonstrando que a classe perdedora da universalização do capitalismo por todo o globo obedece a uma lógica semelhante, seja nos países centrais, seja nos países periféricos. Isso é fundamental, posto que não existe racismo maior nem mais abrangente do que aquele que divide sociedades avançadas de sociedades periféricas como se essa diferença fosse de "substância", ou seja, de tipos de seres humanos distintos, uns supostamente mais refinados e inteligentes e outros mais primitivos, corruptos, sensuais etc.

    A mesma divisão que habita cada sociedade concreta e separa classes superiores e inferiores, incorporando a divisão entre virtudes não ambíguas da "alma" e as virtudes ambíguas do corpo também está pressuposta nas relações globais em todos os níveis. Muito especialmente na "ciência" — instância legitimadora de todas as práticas no mundo moderno —, onde os teóricos do centro são percebidos como aqueles que possuem cérebro e podem "pensar" teoricamente, enquanto os teóricos periféricos só têm olhos e não cérebro e, portanto, apenas "veem" o "dado empírico". A "ciência" reproduz, assim, o esquema das trocas desiguais na esfera econômica dos países que detêm tecnologia e os que exportam "matéria-prima", na medida em que a "invenção", a "ideia" vai ser apanágio dos pensadores do centro. O resultado é uma cegueira global que explica por que os conceitos centrais são sempre "regionais" — na realidade norte-atlântica e não nas "nacionais", como pensam alguns — e os conceitos "periféricos", sempre especularmente "reativos" e também regionalizados.

    No entanto, é possível mostrar, empírica e teoricamente, como existem "classes sociais globais", ou seja, classes sociais que compartilham de uma gênese social e de um destino social semelhante. O primeiro ponto a ser desenvolvido é evitar a prisão contextual, que só nos dá olhos para a experiência concreta e imediata e nos cega no que concerne às relações mais abstratas e mais gerais que conformam todos os contextos particulares. O próprio Bourdieu nos dá uma pista dessa hierarquia moral mais abstrata e mais ampla ao nos falar da oposição alma/corpo como uma oposição moral que articula e determina vários contextos de reprodução da desigualdade social, como nos exemplos da luta de classes e das relações de gênero.

Esse ponto fundamental, no entanto, não é desenvolvido por Bourdieu. Ele exigiria uma reconstrução genética, histórica e conceitual, das precondições de eficácia de uma hierarquia moral que passa a abranger todas as dimensões da vida social. No entanto, apesar de usar distinções de caráter moral o tempo todo, esse tema é uma "batata quente" nas mãos de Bourdieu, na medida em que justificações morais, em seu esquema explicativo, tendem a ser reduzidas a formas de violência simbólica e mera justificação de situações fáticas de dominação. Uma reconstrução consequente da reprodução simbólica do capitalismo por parte de Bourdieu poderia tê-lo levado a encarar seus estudos empíricos na Argélia, não como um fenômeno passageiro da transição campo/cidade, mas como uma reconstrução do *habitus* precário de classe das classes excluídas em todo o mundo. Do mesmo modo, no contexto de seu clássico *A miséria do mundo*,[4] essa reconstrução poderia tê-lo levado a não apenas descrever a vida dos bairros pobres de imigrantes nos Estados Unidos e na França, pela mera superposição de casos empíricos, mas a reconstruir uma lógica simbólica de exclusão social presente em todos os lugares do mundo de modo universal.

Essa redução parece advir de uma escolha consciente em Bourdieu: ainda que ele perceba que existem consensos morais compartilhados por todas as classes em luta por recursos escassos — como, por exemplo, a entronização da competição pacífica, como mostrada por Norbert Elias, a partir da criminalização do assassinato como meio legítimo de auferir vantagens sociais —, Bourdieu parece aderir a certo perspectivismo moral, talvez como forma de denunciar, antes de tudo, seu uso instrumental e interessado. Em princípio, no entanto, não parece existir qualquer incompatibilidade em perceber a eficácia de hierarquias morais que constrange a todos e perceber e criticar seu uso como violência simbólica.

---

4 Pierre Bourdieu (org.), *A miséria do mundo*, *op. cit.*

A meu ver, é precisamente a miopia em relação à eficácia das hierarquias morais que nos guiam e constrangem a todos que condena toda análise ao contexto particular e concreto e à cegueira do fragmentário e do circunstancial. A própria oposição moral alma/corpo, tantas vezes citada por Bourdieu, na verdade, exige um esforço reconstrutivo prévio para que possa ser utilizada em todo seu alcance. Desse modo, Pierre Bourdieu, nesse sentido cometendo o mesmo erro de Karl Marx, repete os enganos do utilitarismo, reduzindo a moralidade a um expediente instrumental e, na verdade, negando todo aprendizado social possível.

Sua teoria dos capitais e do *habitus*, como incorporação pré-reflexiva de disposições para o comportamento prático e cotidiano, no entanto, permite pensar o capitalismo e sua expansão global para além dos limites do "racismo culturalista" dominante em todo lugar do mundo, seja nas universidades, seja no senso comum. Afinal, o culturalismo científico somente pode criar povos e sociedades absolutamente singulares, por efeito de uma pretensa herança cultural única, quando torna invisível a gramática comum de avaliação e legitimação da ordem social onde quer que exista capitalismo.

Como a percepção dessa gramática comum é dificultada precisamente por sua ubiquidade e consequente naturalização pré-reflexiva, conferida pela socialização familiar disciplinar em sentido semelhante praticada em quase todo o planeta, a compreensão consciente deste terreno comum é retirada da consciência cotidiana. Todas essas sociedades, ricas ou pobres, afinal, são estruturadas pelas mesmas formas de avaliação, classificação social e legitimação. E, obviamente, estes são os critérios essenciais para que se percebam sociedades de um mesmo tipo. Isso não significa, por outro lado, que todas as sociedades são iguais. São diferentes, às vezes, muito diferentes. Mas são assim pela presença ou ausência de processos de aprendizado coletivo histórico distintos e não por supostas heranças ou "maldições" culturais imutáveis. A compreensão do processo que permite que os indivíduos ou as sociedades sejam capazes de aprender, no entanto, exige que superemos a barreira do utilitarismo e da razão instrumental, também presente em Bourdieu, e que possamos compreender a determinação moral de última instância do comportamento social de todos os seres humanos. É isso que vamos esclarecer agora.

8. O RECONHECIMENTO SOCIAL E A DIMENSÃO DO APRENDIZADO MORAL

A percepção do aprendizado moral, descurada por Bourdieu, como a dimensão mais importante e profunda da sociabilidade humana, mesmo em um contexto pós-religioso — quando tal dimensão parece se retirar da esfera pública e se esconder na esfera íntima de cada um de nós —, é o resultado do trabalho de uma mente vigorosa no alvorecer da modernidade. O conceito de reconhecimento era central no projeto do jovem Hegel de estabelecer uma mediação entre a doutrina da liberdade individual moderna com a tradição do pensamento político da Antiguidade, neste particular especialmente Aristóteles, que enfatizava o componente comunitário da questão ética.

O jovem Hegel procura construir essa mediação, na medida em que inverte o modelo hobbesiano e maquiaveliano da "luta social" compreendida a partir da perspectiva que enfatiza a autopreservação "material", em favor de uma concepção que parte das motivações morais como o dado fundamental. Dito de um outro modo: como o contexto de luta social mostra seu significado específico de perturbação de relações sociais baseadas em última instância no reconhecimento mútuo, precisamente como um fator anterior e prévio a qualquer outro, é que o reconhecimento social pode ser percebido como o componente mais primário e decisivo no processo de formação ética do espírito humano.[1] A questão

---

[1] A crítica de Hegel a Hobbes inicia, nesse sentido, duas formas fundamentalmente diferentes de se perceber a política, com desdobramentos teóricos importantes para a moderna teoria e filosofia da política. Sob esse aspecto, *ver* Axel Honneth, *Kampf um Anerkennung*, Berlim, Suhrkamp Verlag, 1992; para a discussão que desenvolvo a seguir, *ver especialmente* pp. 11-107.

central aqui é perceber que o fator mais primário da vida social não é autopreservação "material", ou "interesses econômicos", como se dirá mais tarde, mas sim regras morais de reconhecimento mútuo. Desde o início, o embate do jovem Hegel já é contra uma percepção utilitarista e reduzida do comportamento social.

Dito de outro modo e mais diretamente, caro leitor e cara leitora: o que está em jogo aqui é a compreensão das causas últimas das necessidades dos seres humanos em sociedade. Hoje em dia, tendemos a perceber as razões últimas de nosso comportamento e de tudo que fazemos como sendo guiado, em última instância, pela busca de dinheiro e poder, ou seja, precisamente como Hobbes imaginava, autopreservação física ou, na linguagem de hoje, os "interesses econômicos". Reflitamos juntos, cara leitora e caro leitor, por um momento: o que nos faz procurar obssessivamente dinheiro e poder senão a necessidade de ser admirado, respeitado, invejado e, portanto, "reconhecido" pelos outros? Não é mesmo? Pense na sua própria vida e na vida dos outros que você conhece. Se isso é verdade, como acho que seja, então a necessidade última dos seres humanos é a busca incansável por "reconhecimento social". Isso tem a ver, certamente, com a enorme fragilidade de nossa condição existencial. Fragilidade que tentamos desesperadamente negar e reprimir e tapar o sol com uma peneira. Afinal, somos assolados desde que nascemos por medos e angústias da morte inevitável e da doença, pela necessidade de confirmação de afeto dos entes que amamos, da necessidade de confirmação externa do nosso valor próprio e assim por diante. Veremos mais adiante que o comportamento de classes e de indivíduos está marcado por esta luta de todos contra todos por reconhecimento social. Dinheiro e poder são meros instrumentos, e não os únicos nem os mais apropriados, para satisfazer e estancar, momentaneamente que seja, esta luta incansável.

No contexto de transição entre visão de mundo religiosa e secular, muitos pensadores imaginavam o contexto moral como sendo mero reflexo da eficácia da religião. Como a moralidade secular passa a estar embutida e tornada invisível na reprodução da socialização familiar e institucional em geral, ela tende a ser "esquecida" enquanto tal. Daí que "necessidades econômicas", aparentemente naturais e eternas, ou a autopreservação "material", tenham entrado no seu lugar. As teorias do "contrato social", no alvorecer da "modernidade", tendem a interpretar deste modo a vida social e política.

Maquiavel foi o primeiro a perceber a autonomização das esferas política e econômica, em relação ao contexto normativo tradicional anterior, especialmente aquele de fundo religioso, não devendo mais a política, portanto, ser percebida com base nas noções clássicas de comportamento virtuoso. Também pela primeira vez com Maquiavel, temos a definição da esfera da ação social como espaço de luta pela preservação da integridade *física* dos sujeitos. O que era ainda meramente descritivo e intuitivo em Maquiavel torna-se um projeto analítico e ambicioso em Hobbes de descobrir as "leis da vida burguesa". Hobbes consegue seu desiderato ao interpretar os homens, usando os já disponíveis recursos da ciência natural da época, como um autômato que anda por si só, ainda que dotado da capacidade extraordinária de se importar com seu próprio bem-estar futuro e autopreservação. É precisamente esse comportamento antecipatório que faz com que, ao deparar-se com outro homem, perceba seu interesse em autoproteção e a pretensão mútua de aumento de poder relativo.

É nesse contexto que entendemos a singular importância de Hegel. A singularidade do esforço filosófico e político do jovem Hegel não é apenas sua crítica à tendência de reduzir-se o comportamento social a imperativos de poder baseados em ações estratégicas e instrumentais, mas, antes de tudo e principalmente, o fato de ele ter usado o próprio modelo hobbesiano da existência de uma luta genérica dos homens entre si, para construir sua crítica. Sua reconstrução estava animada, desde cedo, pela certeza de que uma nova compreensão da sociedade moderna exigia a superação da concepção atomista, que pensava a sociedade a partir do indivíduo, que estava na base de toda a tradição da modernidade. O próprio conceito de "eticidade" (*Sittlichkeit*) foi escolhido por Hegel para expressar o conjunto de inclinações práticas intersubjetivas existentes, para além tanto do ordenamento positivo estatal quanto das convicções morais individuais. De forma contrária às concepções atomistas, portanto, importa chamar atenção para o fato de que o processo humano de socialização envolve, desde sempre, elementos, incipientes que sejam, de vida intersubjetiva.

Neste sentido, o sujeito individual deve ser visto como alguém que, precisamente através da aceitação por parte de outros sujeitos de suas capacidades e qualidades, sente-se reconhecido e consequentemente em comunhão com estes, possibilitando sua disposição de também reconhecer o outro em sua originalidade e singularidade. O argumento hegeliano é construído de tal modo que a dinâmica do reconhecimento mútuo obedece a um desenvolvimento espiral em que, a cada nova forma de reconhecimento social, o indivíduo aprende a conhecer e realizar novas dimensões de sua própria identidade. É precisamente a lógica desse reconhecimento progressivo que o estimula a novas lutas e conflitos por reconhecimento, sendo o próprio núcleo desse processo o movimento em que conflito e reconciliação condicionam-se mutuamente.

Por diferença a Hobbes, a luta por reconhecimento não se limita à autopreservação física, ou a "interesses econômicos", como diríamos hoje, mas antes à aceitação intersubjetiva das distintas dimensões da subjetividade humana a qual seria, precisamente, o substrato ético da vida social enquanto tal. Ou seja, dito de outro modo e mais diretamente: *o contrato não encerra a luta de todos contra todos*. Bem ao contrário, o conflito é um elemento constitutivo à vida social, na medida em que possibilita a constituição de relações sociais cada vez mais desenvolvidas refletindo o processo de aprendizado moral de dada sociedade em cada estágio. O conflito, portanto, deixa de ser algo negativo e transitório e passa a indicar o momento positivo de formação e desenvolvimento do processo social que de outro modo permaneceria opaco e inconsciente, sendo o próprio "motor" da lógica do reconhecimento.

O RECONHECIMENTO SOCIAL E A DIMENSÃO DO APRENDIZADO MORAL

Este legado hegeliano foi atualizado por dois grandes pensadores modernos: Axel Honneth e Charles Taylor. Honneth possui, para mim, o desenvolvimento mais interessante, na medida em que reconstrói todas as fases do reconhecimento em todas as suas dimensões: como na família e no amor, reconstruindo a esfera privada do reconhecimento como o fundamento para o exercício do reconhecimento público mais tarde na vida adulta, e dividindo as esferas do direito e do mérito de modo a abarcar as dimensões tanto da igualdade quanto do desempenho diferencial. Como o aproveitamento dessa perspectiva pode ser utilizado para uma percepção multidimensional do não reconhecimento sob a forma de um racismo multidimensional foi desenvolvido recentemente no meu livro sobre *Como o racismo criou o Brasil*.[2]

Aqui, neste livro, meu interesse é outro. Por conta disso a reconstrução da categoria da "dignidade" em Charles Taylor será, inicialmente, o aspecto decisivo. Posteriormente, vou procurar ligar a contribuição dos dois pensadores. Meu objetivo é demonstrar que, sem utilizar o veneno do culturalismo do racismo científico, que é um mero equivalente funcional do racismo racial anterior, é possível se compreender como a sociedade brasileira pode ser vista como "moderna", e não como pré-moderna e personalista, como na tradição vira-lata dominante, e reconstruindo com meios modernos a sociedade escravocrata que foi seu berço. Os meios modernos, como aprendemos com Bourdieu, são essencialmente meios opacos que legitimam a desigualdade, fragmentando a realidade e tornando invisível a produção da humilhação e da desigualdade.

Meu interesse, nesse contexto, vai ser o de reconstruir a desigualdade abissal e perversa da sociedade brasileira sem apelar para as muletas elitistas e racistas disfarçadas, utilizadas até hoje, como "homem cordial", "corrupção patrimonial" ou "jeitinho brasileiro". Assim, a diferença real entre o Brasil — ou o México e a África do Sul — e

---

[2] Jessé Souza, *Como o racismo criou o Brasil*, Rio de Janeiro, Estação Brasil, 2021.

as sociedades europeias mais igualitárias será explicada com base na "hierarquia moral do Ocidente", complementando a perspectiva de Bourdieu com um elemento novo, um elemento moral e político, que não se restringe ao componente estético e à estilização da vida somente. Ou seja, dito com outras palavras: se Bourdieu havia demonstrado que o "bom gosto" legitima pré-reflexivamente as distinções sociais e as desigualdades de fato entre burguesia e classe trabalhadora, apesar da igualdade presumida ser o baluarte da lei, eu pretendo demonstrar que a desigualdade brasileira, e do Sul global em geral, pressupõe uma fratura ainda mais estrutural e profunda.

Se o privilégio legitimado esteticamente cria uma casta que se vê como representante do espírito e da beleza, reduzindo a humanidade dos que não partilham desses códigos justificando seu direito a uma maior fatia do bolo social, no Brasil a distinção abrange também o aspecto da "dignidade" do ser humano e cria uma oposição entre "gente" e "não gente". Assim, a distinção deixa de ser de "mérito" relativo para se tornar uma distinção que nega a humanidade, o direito à cidadania e o respeito mínimo exigido para uma vida digna.

9. A CONSTRUÇÃO DA "DIGNIDADE SOCIAL" NA HISTÓRIA

É precisamente para esta construção da categoria da "dignidade", para torná-la compreensível a qualquer um, que me utilizarei das reflexões de Charles Taylor. Taylor reconstrói, historicamente, a dimensão fundamental do respeito social, a qual, tanto para Hegel quanto para Honneth, é uma dimensão central do reconhecimento social, já que responsável pela dimensão da igualdade e da cidadania. Para tentar evitar mal-entendidos talvez seja necessário dizer, desde o início, que não me interessa o uso que Taylor faz de suas investigações no contexto do debate sobre o multiculturalismo — tema em relação ao qual ele é, talvez, mais conhecido. Aqui me interessa seu ponto de partida neo-hegeliano como uma hermenêutica do espaço social a partir da sua crítica ao "naturalismo", ou seja, a negação da realidade moral e valorativa que nos determina no sentido hegeliano, que perpassa tanto a prática científica quanto a vida cotidiana. É esse ponto de partida que permite articular precisamente a configuração valorativa implícita ao racionalismo ocidental que dá ensejo, como veremos, a um tipo específico de hierarquia social e uma também singular noção de reconhecimento social baseada nela. São, portanto, precisamente as consequências "universalistas" do argumento de Taylor que me interessam ao contrário do seu uso pelo próprio autor.[1]

---

1 Charles Taylor, afinal, é muito mais conhecido como um dos expoentes do "relativismo cultural" internacional. A minha apropriação enfatiza, ao contrário, o universalismo de suas ideias.

Sua crítica à concepção reificada de Estado e mercado enquanto grandezas sistêmicas — como vemos tanto em Niklas Luhmann quanto em Jürgen Habermas, por exemplo — parece-me certeira e de importância decisiva para uma compreensão mais adequada do processo de expansão do racionalismo ocidental do centro para a periferia, o qual se realiza pela exportação dessas instituições enquanto "artefatos prontos", no sentido weberiano do termo,[2] que é precisamente, como também já vimos, a grande vantagem da abordagem de Florestan Fernandes em comparação aos outros pensadores brasileiros. A negação do caráter simbólico e cultural materializado na prática dessas instituições fundamentais — a negação, portanto, da hierarquia valorativa opaca, mas por isso mesmo extremamente eficaz, que se atualiza nessas instituições e na sua prática cotidiana —, percebendo-a como uma grandeza regida segundo critérios de eficácia, equivaleria a reduplicar, na dimensão conceitual, o efeito do "naturalismo", ou seja, a negação de qualquer eficácia prática das realidades morais na vida prática.

É fundamental na empreitada tayloriana que ele consiga reconstruir a hierarquia valorativa subjacente e opaca que se materializa, antes de tudo, nessas duas instituições centrais do mundo moderno que comandam irrefletida e inconscientemente nossas disposições e nosso comportamento cotidiano. Aqui, basta que o leitor se lembre do que escrevemos anteriormente acerca da influência do mercado competitivo na educação das famílias do mundo todo no sentido de educar seus filhos na disciplina e no autocontrole que será mais tarde exigido pelo mercado e pelo Estado para o desempenho futuro dos papéis de produtor útil e cidadão.

Nesse esforço reconstrutivo o que torna a reflexão tayloriana de interesse para as ciências sociais é que sua reconstrução da "história das ideias", acerca das fontes morais do mundo moderno, não é um fim em si. Sua estratégia é compreender a gênese ou arqueologia das

---

2 Max Weber, *Hinduismus und Buddhismus*, Tubinga, J.C.B. Morh, 1991.

concepções de "virtude" e de aprendizado moral e de como essas evoluíram e adquiriram eficácia social. Este ponto é crucial. Não interessa a Taylor uma mera história das ideias, mas como e por que estas lograram tomar os corações e as mentes das pessoas comuns. Daí sua empresa ser sociologicamente relevante. Ele se interessa, portanto, em primeiro lugar, pela eficácia das ideias morais efetivamente institucionalizadas e de fato internalizadas e "incorporadas" — literalmente tornadas "corpo" e realidade pré-reflexiva que atualizamos o mais das vezes sem o saber e sem "consciência" —, e não por seu conteúdo ou "doutrina". Este último só é importante na medida em que explica as razões da sua aceitação coletiva.

Nesse sentido, o estudo dos autores não é perseguido como uma "exegese da obra", mas, ao contrário, a partir de seus "efeitos práticos" na realidade institucional e cotidiana das pessoas comuns ou pelo seu caráter de "exemplaridade" enquanto espelho de concepções destinadas a guiar a vida prática. Platão é uma figura central nesse contexto. Ele é percebido por Taylor como o primeiro grande sistematizador da ideia fundante de toda a concepção moral do Ocidente, qual seja, a ideia de que o eu é visto como ameaçado pelo desejo (em si insaciável), devendo, portanto, ser subordinado e regido pela razão. A importância dos escritos platônicos sobre essa noção singular de "virtude" e de "bem" não é consequência do fato de que as pessoas passaram a "ler Platão" e se deixaram influenciar por suas ideias. Não é deste modo que as ideias morais adquirem importância prática. As pessoas que sabem ler — especialmente na Antiguidade — e que se interessam por esse tipo de leitura são — e sempre foram — uma ínfima minoria. As ideias morais têm que ser "institucionalizadas" para adquirirem real eficácia prática e social.

Assim, a concepção de virtude platônica só foi decisiva para a história social e política do Ocidente porque o cristianismo adotou a perspectiva platônica da dominância da razão sobre as paixões enquanto específico "caminho da salvação" cristão. Ou seja, as pessoas comuns que sequer sabiam ler se tornavam seguidoras da doutrina platônica que dizia que a razão deveria controlar os nossos desejos mais insaciáveis — sexo e agressividade acima de tudo — porque a Igreja católica, a instituição mais poderosa do Ocidente durante milênios, dizia que elas só seriam "salvas" na vida eterna se assim o fizessem. E esta era a preocupação maior de todas as pessoas dessa época. A noção de santidade e de virtude cristãs passaram a ser expressas nos termos da pureza platônica. Sociologicamente decisivo, portanto, é que a Igreja, ou seja, cada padre e cada pequena paróquia no mundo inteiro, passou a estimular o comportamento "prático" de sua clientela em um sentido muito específico. É desse modo que as "ideias" adquirem importância prática e concreta para as pessoas comuns.

Ao mesmo tempo, santo Agostinho, ao se apropriar da tradição platônica, engendra uma novidade radical que vai ser fundamental para a especificidade do Ocidente: a noção de interioridade. Foi essa vinculação entre uma noção muito singular de virtude com a necessidade religiosamente motivada — o interesse ideal na salvação de parte de todos os fiéis — que tornou a linguagem da interioridade e a noção de virtude como repressão dos afetos do "corpo" irresistível. A partir daqui, quer tenhamos ou não consciência disso, e normalmente não temos a menor consciência de como avaliamos o mundo, tudo que é percebido como nobre, superior e bom será ligado ao "espírito", e tudo que é inferior, vulgar ou pecaminoso será ligado ao corpo e suas pulsões.

O vínculo entre as ideias dominantes no Ocidente e a sua eficácia é percebido — uma óbvia correspondência com Max Weber — como um processo interno à racionalização religiosa ocidental. Desse modo, as concepções de bem articuladas ideacionalmente — moralidade + ideia — são vinculadas a "interesses ideais" específicos a partir do "prêmio" religioso da salvação. A reconstrução desse vínculo é fundamental para a percepção adequada da eficácia das ideias na vida prática, já que as pessoas comuns não costumam guiar as suas vidas e seu comportamento cotidiano porque se "convenceram da justeza de certas ideias". Ao contrário, as pessoas seguem certos ideários porque elas satisfazem seus interesses práticos, sejam estes materiais ou ideais, percebidos por todos como os mais fundamentais para a vida cotidiana. É preciso existir um "componente afetivo" — quase sempre a mera legitimação da vida que se leva —, como Durkheim afirma contra Kant, para que a ideia moral possa lograr obediência generalizada.

É precisamente essa circunstância que explica o lugar paradigmático de santo Agostinho na empresa tayloriana. O processo de institucionalização da virtude platônica e o processo de constituição da ideia de uma "interioridade" do sujeito individual iniciado por Agostinho são radicalizados por Descartes. A partir dele existe uma mudança fundamental nos termos e na forma como a virtude é concebida.[3] Essa mudança é radical posto que inverte a noção de virtude e de bem que imperava até então. A ética da honra e da glória da Antiguidade é reinterpretada em termos do ideal cartesiano de controle racional. O campo de batalha deixa de ser externo para se localizar na disciplina e no autocontrole interno à consciência de cada um de nós. A racionalidade deixa também de ser substantiva e passa a ser procedural. Racional passa a significar pensar de acordo com certos cânones. É esse novo sujeito moral que Taylor chama de *self pontual*. Locke vai ser o sistematizador do novo ideal de independência e autorresponsabilidade, interpretado como algo livre do costume e da autoridade local, transformando o *self pontual* no fundamento de uma teoria política sistemática.

O *"self"*, o "eu", é pontual, posto que "desprendido" de contextos particulares e portanto remodelável por meio da ação metódica e disciplinada. A essa nova maneira de ver o sujeito desenvolvem-se uma filosofia, uma ciência, uma administração, técnicas organizacionais, destinadas a assegurar seu controle e disciplina. Essas ideias germinadas durante séculos de razão calculadora e distanciada e da vontade como

---

[3] Charles Taylor, *Sources of the Self*, Cambridge, Harvard University Press, 1989, pp. 159-176.

autorresponsabilidade, que somadas remetem ao conceito central de Taylor de *self pontual*, não lograram dominar a vida prática dos homens até a grande revolução da reforma protestante.

Aqui, outro óbvio ponto em comum com Max Weber. Para os dois pensadores a reforma protestante foi a parteira tanto da singularidade cultural quanto moral do Ocidente. A revolução protestante realiza na prática, no espaço do senso comum e da vida cotidiana, a nova noção de virtude ocidental. Daí que, para Taylor, a noção de *self pontual* tenha que ser acrescida da ideia de "vida cotidiana" para a compreensão da configuração moral que nos domina hoje. O tema da vida cotidiana está em oposição à concepção platônica ou aristotélica que exaltavam a vida contemplativa por oposição à vida prática. A revolução de que fala Taylor é aquela que redefine a hierarquia social a tal ponto que agora as esferas práticas do trabalho e da família, precisamente aquelas esferas nas quais todos sem exceção participam, passam a definir o lugar das atividades superiores e mais importantes.

Ao mesmo tempo, ocorre um desprestígio das atividades contemplativas e aristocráticas anteriores. A sacralização do trabalho, especialmente do trabalho manual e simples, de origem luterana e depois genericamente protestante, ilustra a transformação histórica de grandes proporções para toda uma redefinição da hierarquia social que é o nosso fio condutor nesse texto. Taylor percebe que as bases sociais para uma revolução de tamanhas consequências devem-se à motivação religiosa do espírito reformador.

O decisivo aqui é que uma nova e revolucionária (dado seu potencial equalizador e igualitário) noção de hierarquia social que passa a ter por base o *self pontual* tayloriano, ou seja, uma concepção contingente e historicamente específica de ser humano, presidido pela noção de calculabilidade, raciocínio prospectivo, autocontrole e trabalho produtivo como os fundamentos implícitos tanto da sua autoestima quanto do seu reconhecimento social. O fato de esses fundamentos serem implícitos não retira sua validade e eficácia prática. Ao contrário, a aumenta na medida em que retira a possibilidade de sua crítica racional.

Os suportes sociais dessa nova concepção de mundo, para Taylor, são as classes burguesas da Inglaterra, Alemanha, Estados Unidos e França, disseminando-se depois pelas classes subordinadas destes países e depois por diversos países com desvios e singularidades importantes.[4] A concepção do trabalho dentro desse contexto vai enfatizar não o que se faz, mas o *"como* se faz o trabalho" (Deus ama advérbios). O vínculo social adequado às relações interpessoais passa a ser de tipo contratual (e por extensão a democracia liberal contratual como tipo de governo).

Em linguagem política, essa nova visão de mundo vai ser consagrada sob a forma de direitos subjetivos e, de acordo com a tendência igualitária, definidos universalmente. Taylor vai chamar o conjunto de ideais, que se articulam nesse contexto, de princípio da "dignidade". Dignidade vai designar, portanto, a possibilidade de igualdade tornada possível, ainda que nunca efetivamente realizada, por exemplo, nos direitos individuais potencialmente universalizáveis. Em vez da "honra" pré-moderna, que pressupõe distinção e privilégio, a dignidade moderna pressupõe pelo menos a possibilidade de reconhecimento universal entre iguais.[5]

Assim, ao contrário, por exemplo, do critério hierarquizador da civilização hindu tradicional, onde o princípio da pureza ritual classificava, e ainda classifica, em alguma medida, as distintas castas sociais,[6] *no Ocidente passa a ser o compartilhamento de uma determinada estrutura psicossocial, que Taylor denomina de "princípio da dignidade" o fundamento implícito de todas as formas de reconhecimento social (ou de não reconhecimento, como veremos mais adiante).* É essa estrutura psicossocial que é o pressuposto da consolidação de sistemas racionais-formais como mercado e Estado, e depois produto principal

---

4 Charles Taylor, *Sources of the Self, op. cit.*, pp. 289-290.
5 Charles Taylor, "The Politics of Recognition", in: Amy Gutmann (org.), *Multiculturalism*, Princeton, Princeton University Press, 1994.
6 Max Weber, *Die Wirtschaftsethikder Weltreligionen*, Tubinga, J.C.B. Mohr, 1991, pp. 1-97.

da eficácia combinada dessas instituições. Sem a efetiva incorporação das disposições sociais pressupostas no "princípio da dignidade", como disciplina, autocontrole e pensamento prospectivo, não existe sucesso possível, seja na escola, seja no mercado de trabalho mais tarde. Nosso estudo teórico e empírico sobre os excluídos no Brasil comprova essa realidade sobejamente, como teremos ainda ocasião de argumentar em mais detalhe.

É a generalização dessas mesmas precondições que torna possível falar-se em "cidadania", ou seja, em um conjunto de direitos e deveres no contexto do Estado-nação, supostamente compartilhável por todos, numa pressuposição de efetiva igualdade. É aqui, precisamente, que a comparação entre sociedades mais ou menos igualitárias — como a brasileira — permite entrever a singularidade social destas últimas, como veremos mais adiante. As considerações de Taylor sobre a "dignidade", enquanto fundamento da autoestima individual e do reconhecimento social, remetem, portanto, à relação entre o compartilhamento de uma economia emocional e moral contingente à possibilidade de reconhecimento social para indivíduos e grupos. É precisamente neste ponto que uma reflexão amputada do direito que se vincula apenas ao ordenamento positivado mostra toda sua superficialidade: afinal, *para que haja eficácia legal da regra de igualdade é necessário que a percepção da igualdade na dimensão da vida cotidiana esteja efetivamente internalizada.* Sem isso, como vemos todos os dias no Brasil, pode-se matar pretos e pobres sem que haja reação ou indignação social. Pior: são mortes celebradas por muitos como "um bandido a menos".

O fundamental, aqui, é lembrar, para evitar o "racismo culturalista" que influenciará a ciência dominante que separa os povos protestantes dos outros, como antes se separava os povos brancos dos não brancos, é que são os princípios da disciplina e do autocontrole protestante que estão materializados no mercado e no Estado centralizado em todo lugar, seja protestante ou não. Como Weber sabia, o protestantismo morre enquanto doutrina religiosa, posto que se realiza no mundo prático, como pressuposto do próprio funcionamento do mercado e do Estado modernos, comprovando o seu sucesso absoluto.

Se, antes, o protestante podia escolher seguir ou não a doutrina, hoje, todos nós temos que ser disciplinados, autocontrolados e calculadores como os protestantes foram por escolha, para sobreviver num mundo controlado pelos estímulos do mercado competitivo e do Estado. Quando a Europa exporta suas instituições para todo o mundo, inclusive o Brasil, isso significa que seremos também construídos, pela família e pela escola, do mesmo modo que o protestante era construído pela igreja. Compreender isso é deixar de ser feito de tolo por todas as bobagens culturalistas e racistas do mundo.

10. A LINHA INVISÍVEL DA DIGNIDADE SOCIAL

A reconstrução, para nossos fins, do argumento tayloriano, influenciado por Hegel, serve para mostrar como a moralidade, ao contrário do que pensava Bourdieu, não é apenas mentira e justificação de interesses materiais e ideais. Os indivíduos, os grupos sociais e as sociedades aprendem, como o desenvolvimento do Ocidente nos ensina sobejamente, em um sentido muito próximo daquele que Hegel nos ensinou. Nos mostra, também, o sentido preciso daquilo que Weber, ao contrário de toda a tradição culturalista que usa seu nome indevidamente, define como sendo a forma "institucionalizada", ou seja, opaca e "invisível", pela qual se dá a exportação do capitalismo e da sociedade moderna para a periferia não europeia do mundo.

Assim, todas as famílias do mundo, sob a égide do mercado competitivo, vão criar seus filhos na disciplina, no pensamento prospectivo e no autocontrole, posto que compreendem intuitivamente que apenas assim eles terão chances na vida social comandada pelo mercado competitivo. Como dizia Weber, hoje, todos somos protestantes, queiramos ou não. A "tolice da inteligência brasileira", criticada neste livro, reproduz as bobagens do culturalismo como se o mundo fosse dividido entre protestantes, os "novos-brancos", e os culturalmente atrasados, ou seja, os "novos-negros". Este novo negro, no nosso caso, é o "homem cordial", percebido como povo brasileiro, juntando os preconceitos de raça e de classe, e permitindo a superioridade da classe média branca e da elite, tida como supostamente honesta e trabalhadora.

Os nossos maiores e mais influentes pensadores criaram, com recursos pseudocientíficos, um preconceito e um racismo contra o povo, culpando a vítima pelo seu próprio abandono e perseguição. Mas aqui não é apenas a estética e o estilo de vida estético, como legitimação de privilégios injustos, como nos mostra e ensina Bourdieu nas sociedades europeias comparativamente mais igualitárias. Aqui temos a diferença estética para legitimar a distância da classe média branca em relação aos trabalhadores, sejam brancos ou negros, mas também temos uma distinção ainda muito mais nefasta que "desumaniza" e permite condenar à barbárie cerca de 40% de brasileiros, abaixo da classe trabalhadora, e condenados ao subemprego, ao analfabetismo funcional, à humilhação permanente e a uma vida indigna deste nome.

Para Bourdieu, como vimos, se tratava de perceber a luta de classes na França e a legitimação de privilégios injustos a partir da luta pelo monopólio na definição da "personalidade sensível", ou seja, pela definição do "bom gosto" como fruto do "talento individual". Essa definição fazia com que o acesso a todo tipo de recurso escasso, seja ele material ou não material, aparecesse como "merecido" por aqueles que se percebiam e eram efetivamente percebidos como "mais sensíveis" e, portanto, "melhores" seres humanos.

Em um país como o Brasil, onde também existe uma luta pela "distinção social" nos termos que Bourdieu analisou na França, há também, certamente de modo muito mais virulento do que em países como a França ou a Alemanha, uma "luta pela dignidade", mínima, pela aceitação de seu direito de ser considerado gente. Afinal, antes da luta social pela "personalidade sensível", sob a égide da busca pela "autenticidade", existe a luta pela "personalidade útil", sob o manto da busca pela dignidade. Essa luta não é consciente — assim como a luta pela distinção estética também não o é —, mas ela produz seus efeitos terríveis todos os dias em sociedades como a brasileira. Em nossos trabalhos coletivos procuramos perceber a importância do tema da "dignidade" a partir das classes sociais que se definem por sua "falta".[1]

---

1 Jessé Souza *et al.*, *A ralé brasileira*, São Paulo, Contracorrente, 2017.

A hipótese que estamos desenvolvendo quer dizer que produzimos avaliações "objetivas", socialmente construídas, no nosso *habitus*, ou seja, "dentro de nós". Mas nós não as "escolhemos" livremente, como pensa o subjetivismo ético ingênuo do senso comum. Nós também não classificamos essas pessoas meramente pela sua "renda", como pensam quase todas as ciências sociais "economicistas" de hoje em dia e quase todos os especialistas que falam nos jornais. A sociedade e todos nós, em alguma medida, desprezamos — ou temos "pena", o que é apenas o outro lado da moeda de quem não merece nossa admiração e respeito — de quem não é "disciplinado", autocontrolado, e que não incorporou na sua economia emocional aquelas qualidades emocionais e psíquicas que formam o "cidadão digno" e o "trabalhador útil".

Mais uma vez: a "dignidade moderna" está ligada não a valores substanciais, como a "honra", mas a um conjunto de "capacidades do indivíduo", ou seja, disposições para o comportamento "incorporadas", em grande medida pré-reflexivas, que formam, no entanto, uma economia emocional, moral e cognitiva singular e produto de dado momento histórico. Também de modo pré-reflexivo reagimos todos, quer tenhamos consciência disto ou não, à existência ou não dessas disposições com atitude de respeito, por um lado, ou de desprezo ou pena, por outro lado. Reflitamos mais uma vez em conjunto, cara leitora e caro leitor: nenhum de nós tem controle individual acerca das "emoções morais" que todos sentimos. Quando "invejamos" alguém por sua cultura ou inteligência, ou porque produz um trabalho bem-feito do qual não somos capazes, esta inveja é inevitável. Podemos reagir à inveja de modo distinto, alguns a utilizam como estímulo para melhorar o próprio trabalho, outros se deixam envenenar e vivem sob a égide deste sentimento. Mas nenhum de nós pode "escolher" não invejar, por mais desagradável que seja este sentimento. O mesmo acontece com o amor, com a pena, com a admiração ou o desprezo. Isso prova que esta hierarquia moral nos comanda de maneira objetiva e inescapável. Do mesmo modo admiramos quem trabalha bem e para um fim útil a todos. E temos desprezo ou pena de quem é incapaz de exercer um trabalho útil. Não só os indivíduos são determinados por esta hierarquia moral que se impõe a todos nós, mas também as instituições reagem do mesmo modo, seja em uma entrevista de emprego no mercado, seja em um concurso público para o Estado.

A palavra "dignidade" é controversa, posto que o senso comum a povoa com um sentido difuso quase sempre ligado a valores substantivos como honestidade, altivez, honradez etc. Como o senso comum fragmentado não percebe a dimensão pré-reflexiva da vida social, essa alusão a valores substantivos é não só compreensível, mas necessária. Como nós "naturalizamos" as disposições para o comportamento criadas a muito custo pela "sociedade disciplinar", como a disciplina, o autocontrole, o pensamento prospectivo, onde o futuro é mais importante que o presente, além da capacidade de concentração indispensável para o sucesso escolar e no mercado de trabalho, do mesmo modo que naturalizamos o fato de termos dois olhos e dois braços, então sequer damos conta de que eles são construção social e, mais importante ainda, uma construção de classe.

Por outro lado, apesar de sua invisibilidade enquanto elemento constitutivo de nosso comportamento prático, o termo "dignidade" é interessante precisamente porque materializa o "respeito" objetivo para todo aquele ou aquela que possui essas disposições e que, portanto, pode contribuir como "produtor útil" para o bem geral sob as condições da competição capitalista. A transformação de si mesmo como "meio para todos os fins" heterônomos que marcam o trabalho, seja no mercado, seja no Estado, é aqui, o elemento decisivo.

Mais importante ainda para nossos propósitos, neste livro, é o fato de que essa "linha invisível" pode ser tornada visível e perceptível pelo trabalho empírico teoricamente informado e crítico. A pesquisa empírica bem construída possui vários inimigos que não são privilégio de brasileiros ou de cientistas da periferia. Também em nível mundial a realidade dos excluídos é tornada invisível pelos mesmos "inimigos":

a percepção liberal da sociedade que universaliza as disposições de comportamento da classe média para todas as classes subalternas permitindo "culpá-las" pelo próprio fracasso e, por outro lado, a percepção "politicamente correta", apenas superficialmente crítica, que assume o discurso do excluído sobre si mesmo como sua verdade.

Os estudos "politicamente corretos" são especialmente insidiosos, posto que se pretendem "críticos" e de "esquerda" e consideram "progressista" a atitude ingênua de aceitar como verdade o discurso do oprimido sobre si mesmo. No entanto, a descrição do excluído abaixo da condição de "dignidade" sobre sua própria condição é necessariamente "reativa", ou seja, tende a negar subjetivamente a condição sub-humana que vive objetivamente em seu cotidiano. O distanciamento reflexivo da própria condição só é possível para quem tem acesso à possibilidade de mudar a própria vida. Para quem não tem acesso a "outros possíveis"[2] resta fantasiar ou negar a própria realidade. No entanto, essa perspectiva é francamente dominante nos estudos sobre os excluídos tanto no Brasil quanto mundo afora.[3]

Em nossa pesquisa empírica realizada entre 2004-2008, levada a cabo em diversas regiões brasileiras, desenvolvemos um método empírico original baseado nas pesquisas de Pierre Bourdieu, na Argélia,[4] e de Bernard Lahire, na França.[5] Essa metodologia implicou entrevistas sucessivas com os mesmos entrevistados de todos os tipos sociais que compõem a "ralé brasileira". A nossa principal atenção foi dirigida precisamente para os fatores sociais que implicam a construção de um *habitus* precário — ou seja, um *habitus* incapaz de incorporar as disposições que perfazem a dignidade no seu sentido procedural — para toda essa classe. Se, nas primeiras entrevistas, a vida familiar era invariavelmente pintada em tons

---

2 Pierre Bourdieu, *O desencantamento do mundo*, São Paulo, Perspectiva, 1979.
3 Bernard Lahire, *Retratos sociológicos*, São Paulo, Artmed, 2003.
4 Pierre Bourdieu, *O desencantamento do mundo*, op. cit.
5 Bernard Lahire, *Retratos sociológicos*, op. cit.

cor-de-rosa com pais amorosos e dedicados, as entrevistas subsequentes permitiam mostrar rachaduras cada vez mais visíveis no idílio construído pelos excluídos sobre sua própria realidade.

Assim, os pais amorosos e dedicados eram substituídos paulatinamente, em muitos dos casos estudados, por pais ausentes ou abusadores sexuais das filhas e filhos e por mães instrumentais e competidoras das filhas. O aproveitamento consequente de uma metodologia de pesquisa empírica autorreflexiva e crítica nos permitiu, por meio do aproveitamento das lacunas e das contradições do discurso dos indivíduos dessa classe, "reconstruir" — apesar do autoengano compreensível de quem não tem defesa contra a própria humilhação social de que se é vítima — o sentido da vida em condições extremas de exclusão social em que vive cerca de 40% da população brasileira.[6] Menos compreensível é que especialistas com vinte ou trinta anos de estudos sistemáticos sejam vítimas da mesma armadilha.

É fundamental para a tese que estamos construindo aqui que não nos deixemos cegar por todos os preconceitos do "nacionalismo metodológico", ou melhor ainda, já que esse tipo de cegueira preconceituosa quase nunca é "nacional", mas sim "regional" e consubstanciado na categoria, teoricamente injustificável, de "Ocidente" restrito à Europa ocidental e à América do Norte. Apesar de nossa pesquisa ter se circunscrito à sociedade brasileira, essa "classe de desclassificados", abaixo da linha da dignidade, é um fenômeno mundial. Talvez, inclusive, a classe social mundialmente mais numerosa.

Essas classes de desclassificados sociais são construídas por motivos "modernos" e semelhantes em qualquer lugar. Afinal, é a ausência da incorporação dos modernos capitais impessoais, tanto o capital econômico quanto o capital cultural, que reduz os indivíduos dessa classe a "corpos" que são vendidos "enquanto corpos", a baixo preço, para serviços desva-

---

6 Ver levantamento estatístico de José Alcides Figueiredo Santos para o livro *A ralé brasileira*, op. cit., anexo II.

lorizados. Esses serviços desvalorizados são, tipicamente, divididos em serviços sujos e pesados para os homens reduzidos a energia muscular, e serviços domésticos e sexuais para as mulheres também reduzidas a corpos que não incorporaram conhecimento útil nos mercados competitivos.

Não se trata aqui do famoso "exército de reserva" marxista, já que essa classe de despossuídos, em grande medida pelo menos, não pode exercer funções produtivas no mercado competitivo do capitalismo, considerando que lhe faltam pressupostos até mesmo para a incorporação de capital cultural e técnico imprescindível para o adequado desempenho nos setores intensivos em tecnologia. Exemplo típico é o caso brasileiro, anos atrás, na época petista, quando se falava no "gargalo da mão de obra especializada" — o que exigiu, na época, importação crescente de mão de obra estrangeira —, apesar de milhões de pessoas desempregadas ou subempregadas no país. É, portanto, precisamente a impossibilidade de incorporação dos tipos de capitais culturais indispensáveis para a reprodução do mercado capitalista que implica uma realidade simbólica existencial e política precária para aqueles situados abaixo da linha divisória da "dignidade" no sentido tayloriano.

Essa classe de desclassificados parece ser construída, em primeiro lugar, na reprodução da "família desestruturada" fruto da cegueira do debate científico e público dominante em países como o Brasil e do consequente abandono político dessa classe. A naturalização do abuso sexual dos mais velhos e mais fortes em relação aos mais novos e mais fracos — especialmente das meninas, mas também dos meninos — chocou todos os pesquisadores envolvidos na pesquisa. Esse tema é um tabu quase nunca veiculado pela mídia, o que apenas favorece a sua perpetuação no tempo. De um modo mais geral, uma atitude abertamente instrumental de todos em relação a todos no interior das famílias dessa classe não é incomum.[7]

---

[7] Contexto semelhante já havia sido detectado por Florestan Fernandes em estudo pioneiro na São Paulo dos anos 1950. Florestan Fernandes, *A integração do negro na sociedade de classes*, São Paulo, Ática, 1979.

A pobreza não é "bonita" nem apenas econômica, como muitas pessoas ingênuas que se acreditam de "esquerda" ou "progressista" pensam. Nada pior — nem mais irritante para mim — para a mudança efetiva e prática da pobreza do que a "glorificação do oprimido", que imagina que a negação, no discurso, das condições de vida do pobre e do excluído, como, por exemplo, passar a chamar favela de "comunidade", é suficiente para acabar com a miséria econômica e moral de fato. Muitos acham que negar a miséria moral que torna, por exemplo, o abuso sexual naturalizado entre os pobres é defendê-los. Bobagem maior não existe. Só a verdade é um caminho seguro. O que se faz necessária é a denúncia das condições sociais e políticas que tornam a miséria moral de tantos possível.

As feridas na autoestima e na autoconfiança dos indivíduos dessa classe, resultantes dessa prática que se transmite de geração a geração cuidadosamente ocultada por um acordo silencioso entre vítimas e algozes, não são difíceis de ser imaginadas. Também os papéis sociais de pais e filhos com as obrigações recíprocas da família burguesa de classe média são apenas precariamente reproduzidos. Nesse contexto, adquire todo o sentido a retomada por Axel Honneth da importância das relações afetivas e emotivas familiares como pressuposto para o exercício de toda função pública, seja como produtor útil, seja como cidadão.[8] O abandono social e político das famílias marcadas pelo cotidiano da exclusão parece ser o fator decisivo para a reprodução indefinida dessa classe social no tempo.

O fator fundamental ligado ao problema discutido anteriormente é o não aprendizado de habilidades e capacidades fundamentais para a apropriação de capital cultural de qualquer tipo. No relato de vários de nossos informantes, não faltou a presença da instituição escolar. No entanto, era muito comum a observação de que, quando crianças, eles ficavam fitando o quadro-negro durante horas sem nada aprender.

---

8 Axel Honneth, *Der Kampf um Anerkennung*, Berlim, Surhkamp Verlag, 1994.

A LINHA INVISÍVEL DA DIGNIDADE SOCIAL

Com a repetição desse tipo de relato, que nos desconcertou no começo, aprendemos a perceber que o problema em jogo era a ausência da incorporação afetiva da "capacidade de se concentrar", algo que os indivíduos de classe média tendem a perceber como uma "habilidade natural", como se simplesmente nascêssemos com ela, como acontece com a capacidade de enxergar ou ouvir.

Como faltavam exemplos afetivos em casa, tornados possíveis pelo processo de identificação paterna e materna, essa capacidade ou disposição a se concentrar não era desenvolvida. Mesmo nas famílias mais bem estruturadas dessa classe, onde os pais permaneciam juntos e se esforçavam para ter uma relação afetiva e de cuidado com os filhos, as marcas do abandono social se mostraram presentes. Como nunca se via o pai lendo, mas apenas fazendo serviços braçais e brincando com os filhos com os instrumentos desse tipo de trabalho, que tipo de sucesso escolar pode-se esperar dessas crianças? Ou quando a mãe os instava a estudar dizendo que apenas a escola poderia mudar a vida para melhor; que efeito possui esse tipo de exortação se a própria mãe, que havia tido algum tempo na escola, não havia conseguido mudar a própria vida? Percebemos claramente com nossos informantes que não são os "discursos", proferidos da boca para fora, mas apenas as "práticas" sociais efetivas moldadas por exemplos efetivos os verdadeiros instrumentos de mudança individual e social.

A capacidade de concentração pressupõe tanto disciplina da vontade, como autocontrole e pensamento prospectivo. Ela não é fácil nem "natural". Ela depende também de estímulos e de exemplos, além de um contexto social propício. O que as classes privilegiadas recebem desde o nascimento são as "armas" necessárias para a luta da competição diária por todos os bens e recursos escassos. Os excluídos entram "desarmados" nessa luta. Um exército de pessoas, como disse Bourdieu em algum lugar de seu livro acerca dos subproletários argelinos, "dispostos a fazer todo tipo de serviço porque não aprendeu a fazer nenhum".

A instituição escolar nesse contexto é ineficiente porque essas crianças já chegam como "perdedoras" nas escolas, enquanto as crianças de classe média já chegam "vencedoras" pelo exemplo e estímulo paterno e materno afetivamente construído. Mas não apenas isso. A instituição escolar pública — cada vez mais precária no Brasil e crescentemente também nos países ditos avançados — passa a ser marcada pela "má-fé institucional", no sentido que Bourdieu e Foucault utilizam esse termo, de tal modo que prometem a redenção dessa classe pela educação, enquanto, na verdade, possibilitam transformar, com o carimbo do Estado e anuência de toda a sociedade, o abandono social em "culpa individual" de alunos supostamente burros e preguiçosos.

Em nossa pesquisa abundam declarações tocantes de jovens que se imaginam incapazes de estudo, sem inteligência e incapazes de concentração por culpa própria. Constrói-se a partir disso um contexto, no qual, tanto na dimensão intersubjetiva da interação social face a face dos sujeitos, quanto também na dimensão das práticas institucionais de todo tipo, sejam elas policiais, médicas ou escolares, o desvalor objetivo dos indivíduos dessa classe despossuída existencial, moral e economicamente é reafirmado cotidianamente.

Esse exemplo empírico, confirmado centenas de vezes em nossas pesquisas, mostra que não apenas a "sensibilidade", como mostrou Bourdieu com maestria, mas também a "dignidade", no sentido sempre "procedural" que estamos utilizando, é uma construção de classe. Ela não é um dado natural de todo ser humano, como a habilidade de falar e de visão com os olhos. A habilidade de se concentrar é um "privilégio de classe", fruto de uma socialização diferenciada construída para permitir sua incorporação invisível, mas extremamente eficaz precisamente porque é invisível.

O exemplo da capacidade de concentração poderia ser facilmente multiplicado. Também nossas pesquisas empíricas sobre as classes populares brasileiras nos mostraram que o "pensamento prospectivo", ou seja, a consideração do futuro como mais importante que o presente, também é uma construção e um privilégio de classe. Assim, nós temos literalmente "classes com futuro" e "classes sem futuro". Todos sabemos, mesmo os mais privilegiados entre nós, que o futuro, ainda que cuidadosamente planejado, é incerto. Quem não planeja, ou sequer pensa no futuro, posto que preso no aguilhão do "aqui e do agora", preocupado com o próximo prato de comida, literalmente "não tem futuro".

Em nosso segundo estudo empírico com amplitude nacional, realizado posteriormente ao estudo dos desclassificados sociais brasileiros,[9] dedicado ao estudo da "nova classe trabalhadora" brasileira, erroneamente chamada no debate público brasileiro de "nova classe média", pudemos precisar ainda melhor os contornos fluidos da "linha invisível da dignidade" usando como exemplo empírico a sociedade brasileira contemporânea. Essa suposta "nova classe média", como foi apelidada no discurso oficial triunfalista do marketing — malfeito — do governo, refere-se à efetiva ascensão social de cerca de 40 milhões de brasileiros que não só aumentaram sua renda, mas também levou a que cerca de metade deles entrasse no mercado formal, protegido por leis trabalhistas, previdenciárias e sociais.

Foi, sem qualquer dúvida, a melhor notícia dos dez anos de elevado crescimento econômico do Brasil entre 2002 e 2012. Pela primeira vez em muitas décadas, o crescimento econômico tinha beneficiado também os setores populares da sociedade brasileira. Políticas redistributivas como a Bolsa Família, que beneficiava mais de 46 milhões de pessoas, aliadas ao aumento real do salário mínimo em cerca de 70%, políticas de microcrédito e de facilidades ao crédito de modo geral, além de políticas tópicas de acesso à educação superior para a população mais pobre, fortaleceram a base da pirâmide social brasileira e operaram importantes mudanças morfológicas na estrutura de classes da sociedade brasileira contemporânea.

---

9 Jessé Souza et al., *Os batalhadores brasileiros*, Belo Horizonte, Editora UFMG, 2010 e 2012.

Uma parte dos componentes dessa classe social — para além de setores da pequena burguesia que haviam perdido expressão econômica desde os anos 1990 — foi formada precisamente por segmentos "superiores" da classe dos desclassificados sociais. Isso de resto comprova que não existe classe condenada para sempre e que condições econômicas e políticas favoráveis podem desempenhar papel decisivo. A confusão implicada na denominação dessa classe como "nova classe média" reflete a influência dos discursos liberais que confundem "classe social" com "faixa de renda". Como essa classe representa, em termos de faixa de renda, o segmento médio de ganho das famílias brasileiras, foi cunhado o termo manipulador e apologético de "nova classe média".[10]

Na realidade, essa classe não possui quaisquer dos privilégios de nascimento das classes médias e altas. Ao contrário, seus membros típicos têm que trabalhar desde cedo, frequentemente já aos 11 ou 12 anos, e conciliar escola e trabalho. Muitos deles são também superexplorados com jornadas de trabalho de até 14 ou 15 horas por dia, acumulando mais de um emprego, fazendo "bicos" de fim de semana e, quando têm acesso ao ensino superior, estudam em universidades privadas — cuja qualidade é, normalmente, muito inferior às universidades públicas — cursando à noite ou à distância. As suas condições de trabalho e de exploração da mão de obra a aproximam muito do patamar de uma classe trabalhadora precarizada, típica da fase atual do capitalismo sob hegemonia do capital financeiro. Característica dessa fase é a legitimação, na qual muitos creem, que são patrões de si mesmos, especialmente os que estão na posição de serem trabalhadores autônomos ou proprietários de pequeno negócio sob a base, quase sempre, de mão de obra familiar.

Se esta nova classe não é, certamente, uma classe do privilégio, ela não é também uma classe de desclassificados. Ela parece materializar uma rápida mudança social que se nutre tanto de setores da pequena

---
10 Marcelo Neri, *A nova classe média*, São Paulo, Saraiva, 2012.

burguesia tradicional que perdeu expressão econômica, política e social, de parte da classe trabalhadora "fordista" tradicional que perdeu espaço e postos de trabalho de modo crescente na última década, quanto de novos segmentos ascendentes da classe marginalizada dos desclassificados. Em termos de perfil de ocupações essa mudança reflete mudanças estruturais, típicas certamente não apenas do capitalismo brasileiro, de destruição de emprego na indústria e criação de empregos novos na área de serviços, comércio, informática e, base da pirâmide desta classe, da construção civil.

É interessante notar muito especialmente os fatores que entraram em cena nas dezenas de milhões de pessoas que tiveram a experiência de ascensão social que compõem a maioria desta nova classe incluída economicamente no mercado formal e de consumo de bens duráveis, dentre os quais o carro novo ou usado era o maior símbolo. Na pesquisa empírica que realizamos entre 2008 e 2010 em todo o território brasileiro acerca dessa nova classe,[11] nossa questão central foi precisamente compreender por que alguns logram ascender socialmente e outros não? No contexto das classes populares, nosso estudo dos batalhadores se concentrou na determinação das fronteiras que os separam da "ralé", por um lado, e da classe média verdadeira, por outro. Observamos, por exemplo, fontes importantes de "autoconfiança" individual e de solidariedade familiar baseada na socialização religiosa. A sua parte "positiva", por assim dizer. O seu potencial conservador e até fascista será examinado mais adiante.

O tipo de religiosidade pentecostal e neopentecostal, crescentemente importante nas classes populares brasileiras, tende a ser, nos "batalhadores", como denominamos à época este segmento social de trabalhadores precarizados, dominado pelas denominações mais "éticas" — ao contrário da "ralé", onde predominam as denominações mais "mágicas" do pentecostalismo —, onde a "regulação racional

---

11 Jessé Souza *et al.*, *Os batalhadores brasileiros*, op. cit.

da vida cotidiana" e a "crença na própria capacidade" passa a ser o valor máximo.[12] Isso implica, nos melhores casos, a possibilidade de se conquistar tardiamente estímulos morais e afetivos que, nas classes do privilégio, são dados pelo horizonte familiar em tenra idade. Nosso estudo mostrou como também a Igreja católica no interior do Nordeste pode servir de incorporação de sólida ética do trabalho para muitas famílias.[13] A religião também pode ser fundamental na redefinição da ética do trabalho de mulheres que o racismo havia condenado ao destino de objeto sexual.[14]

Assim, do mesmo modo que a não incorporação familiar, escolar e social dos pressupostos de qualquer aprendizado e trabalho moderno é o que produz e reproduz a ralé, os "batalhadores" representam a fração das classes populares que lograram sair desse círculo vicioso. Como as fronteiras aqui são muito fluidas, isso significa que não existe "classe condenada" para sempre. Com condições políticas e econômicas favoráveis, os setores que lograram incorporar, seja por socialização religiosa tardia, seja por pertencerem a famílias comparativamente mais bem estruturadas — malgrado o ponto de partida desvantajoso comum a todas as classes populares —, a incorporação das precondições para o desempenho do papel social do "trabalhador útil" podem ascender socialmente.

Além da importância inegável, para classes socialmente tão frágeis, da variável religiosa, procuramos perceber a dinâmica e os efeitos da incorporação, ainda que tardia, familiar e extrafamiliar, dos pressupostos emocionais, afetivos, morais e cognitivos para a "ação econômica racional" nas classes populares. É o caminho oposto de toda forma de economicismo que simplesmente "pressupõe" e, portanto, "naturaliza" o "ator econômico universal", escondendo a "luta de classes", que

---

12 *Ibidem*, pp. 311 e seguintes.
13 *Ibidem*, pp. 199 e seguintes.
14 *Ibidem*, pp. 173 e seguintes.

implica, precisamente, uma incorporação diferencial e seletiva desses pressupostos. A maior parte do livro, inclusive, se dedica a compreender, levando em conta as desvantagens do ponto de partida das classes populares, como se aprende, na "prática", com erros e acertos, por exemplo, a "ser um trabalhador" ou a calcular e a administrar um pequeno negócio de um trabalhador autônomo?[15] Ou ainda, na dimensão mais política e social, tentar responder a questão acerca das bases da solidariedade familiar pressuposta nas pequenas unidades produtivas. Ou ainda, de como o trabalhador formal, mas precário, especialmente dos serviços e do comércio,[16] é tornado refém de uma legitimação de um novo tipo de capitalismo que se expande precisamente para essas áreas do capitalismo moderno.[17]

O nosso segundo estudo acerca das classes populares brasileiras tratou da ascensão social, portanto, como um conceito "relacional". Quando se trata o tema da ascensão de maneira relacional, é possível perceber, por exemplo, como a ascensão também traz consigo sofrimento, esforço, assim como o próprio medo de uma possível desclassificação social futura. Se tratamos o tema da ascensão social desta maneira, foi para demonstrar que ascensão não é uma categoria linear de um ponto a outro, como um "trem social" que se pega de uma classe a outra. Ela não é uma "bala" que vai de um ponto a outro sem encontrar obstáculo. Qualquer entrevista no livro comprova isso. Para levar o conceito a sério temos que considerar a ascensão social uma prática em constante reafirmação, um jogo social, cujos participantes são postos à prova a todo o momento com o fantasma da queda social e da desclassificação sempre à espreita.

Politicamente a "nova classe trabalhadora" pagou um preço caro pela incorporação dos estímulos e disposições adequados à reprodução

---

15 *Ibidem.*
16 *Ibidem*, pp. 61 e seguintes.
17 *Ibidem*, pp. 19 e seguintes.

do capitalismo. O reverso dessa moeda é que o "sacrifício do intelecto", comum à maior parte das religiões, se desdobra, no caso do neopentecostalismo brasileiro, em um sentido tanto da não solidariedade social, por um lado, e tanto por parte do neopentecostalismo quanto do pentecostalismo no sentido da defesa de teses regressivas e conservadoras em relação ao casamento homossexual, ao aborto e a todas as bandeiras mais reacionárias que representam um ataque às liberdades individuais em nome de uma moral repressora. A não solidariedade da religiosidade neopentecostal tem a ver com a "doutrina da prosperidade" em que o aumento da riqueza individual é o indicador mais importante de salvação e o acesso ao consumo é interpretado como materialização da graça divina.

Essa é a parte sombria da religiosidade evangélica e popular no Brasil. Como ela também tem que fornecer um reconhecimento social distorcido, pela falta de igualdade efetiva, ela o faz à custa dos mais fracos, utilizando os piores preconceitos contra aqueles que possuem menos defesas emocionais e intelectuais. Foi isso que selou o acordo entre várias denominações evangélicas e o bolsonarismo: o racismo popular que separa o "homem de bem", evangélico, do pobre tornado "delinquente", por ter um baseado no bolso, e se for negro, será morto ou condenado a quinze anos de prisão. O mesmo se aplica à mulher e ao homossexual. É a fragilidade do pobre que é utilizada contra ele.

Por sua vez, é um contexto de ainda maior miséria material e simbólica o que explica não só o conservadorismo, mas também a impotência política da classe de desclassificados. Notamos em nossa pesquisa que existe um verdadeiro abismo entre os chamados "pobres honestos" — aqueles que aceitam vender sua energia muscular a preço pífio — e aqueles percebidos como "pobres delinquentes" — aqueles que se revoltam, reativamente, de modo subpolítico, contra a estrutura que os condena. Em nenhum estrato social essa diferença é tão importante e decisiva quanto na "ralé" pesquisada. O drama cotidiano da imensa maioria das famílias da "ralé" — muito especialmente das mais estruturadas dentre elas — é precisamente o tema da "honestidade" percebida como a fuga do destino de bandidos para os meninos — ou do destino de "bêbados" para os adultos masculinos — e do destino de prostituta para as meninas. Essas são as figuras paradigmáticas da delinquência nessa classe que está, por sua fragilidade e pobreza, especialmente exposta aos riscos e seduções da vida desviante.

Constrói-se com isso uma divisão insidiosa e virulenta dentro dessa classe, tornando especialmente difícil qualquer forma de solidariedade interna dessa camada negativamente privilegiada. Como praticamente toda família ou vizinhança tinha exemplos de vidas que "optaram" pela delinquência no sentido exposto anteriormente, abundaram os relatos de mães que exploravam economicamente a filha prostituta, ao passo que a acusavam pela escolha de vida ou ainda de irmãos que não se falavam por terem optado por caminhos diferentes nas únicas duas opções possíveis para membros dessa classe. A hierarquia valorativa dominante, que pode ser exposta nos termos que viemos utilizando na oposição "digno/indigno", não só transfere a culpa da "indignidade" de todos ao próprio indivíduo, mas também quebra e separa a classe como um todo, e, dentro dela, cada família, cada vizinhança, e, no limite, cada indivíduo em dois inimigos irreconciliáveis.

A "indignidade", é sempre bom repetir mais uma vez, não se refere a "conteúdos materiais" de caráter ou de personalidade. No mundo moderno, também a hierarquia valorativa não é "material", mas "procedural", são características ou disposições psicoemotivas que capacitam ou não os indivíduos a, por exemplo, serem capazes de "incorporar" conhecimento técnico útil (uma forma de capital cultural no sentido de Bourdieu). Sem a incorporação dessas precondições, não se consegue nem sucesso escolar nem sucesso no mercado de trabalho competitivo. Se o "corpo" não é perpassado por conhecimento e por disposições psicoemotivas que tornem o sujeito capaz de aprendizado e de trabalho em condições de alta competitividade, esse corpo não é mais do que "um feixe de músculos", como era o corpo do antigo escravo, podendo, portanto, ser comprado a baixo preço, como no caso dos novos-escravos produzidos pela "ralé", em trabalhos sujos e pesados, como acontece no Brasil. Como não lembrar dos jovens negros de bicicleta, trabalhando o dia inteiro para entregar a pizza quentinha na casa do bacana de classe média? Em que sentido isso difere do "escravo de ganho" do Brasil colônia e abertamente escravocrata?

Esses indivíduos, abandonados, a exemplo do que acontece com suas famílias e sua classe como um todo, por toda a sociedade "incluída" que os vê apenas como perigo e ameaça, recebem, no fundo, o desprezo que toda sociedade — em grau variável e no Brasil esse grau é dos mais intensos — reserva aos seus "indignos". Em sociedades onde a responsabilidade social pelos membros mais fracos tem forte tradição tanto religiosa quanto política, existe a consciência de alguns setores mais esclarecidos ou mais politizados de que ninguém "escolhe" a exclusão e a miséria. São sempre causas sociais — abandono secular no caso brasileiro — que criam as misérias individuais dos excluídos.

No entanto, essa classe de destituídos não é uma classe social apenas "brasileira". O contrário é verdade. Apenas a cegueira de uma ciência que se reproduz com pressupostos racistas — e que, portanto, não merece este nome — pode fragmentar a realidade social — seja ela nacional, regional ou mundial —, a tal ponto em que seus traços mais importantes se tornam literalmente irreconhecíveis. Essa classe de destituídos é, talvez, a classe social mundialmente mais numerosa. Se ela chega a quase 40% em um país como o Brasil de Bolsonaro, ela provavelmente chega a 80% em vários, se não na maioria dos países africanos, ou ainda 50% em várias sociedades asiáticas. Ela é uma "classe social" porque em todo lugar os pressupostos de sua exclusão social são os mesmos. Mesmo em países europeus ou nos Estados Unidos, essa classe é cada vez mais representativa. Até mesmo o discurso contra quem recebe o Hartz IV na Alemanha ou quem recebe o Bolsa Família no Brasil é bastante semelhante. São os novos-"preguiçosos" que, por culpa própria, "escolheram" a humilhação e a vida indigna.[18]

---

18 Boike Rehbein *et al.*, *Reproduktion sozialer Ungleichheit in Deutschland*, Herbert von Halem Verlag, 2015.

A LINHA INVISÍVEL DA DIGNIDADE SOCIAL

O caso dos excluídos sociais nos mostra que as sociedades modernas compartilham muito mais que a troca de mercadorias do comércio internacional ou do fluxo de capitais das bolsas de valores. Elas compartilham também de uma "hierarquia moral" comum ou semelhante a qual, por exemplo, define quem será percebido, seja pelas instituições, seja pelos seus membros, como "digno" ou "indigno" de respeito e reconhecimento social. A nosso ver, é precisamente a cegueira em relação a toda a "dimensão simbólica" do capitalismo que impede de se perceber e de se "articular" conscientemente sua hierarquia. A existência de uma "fronteira da dignidade" comum — ou pelo menos em grande medida compartilhada — mostra dois aspectos quase sempre tornados invisíveis pelas teorias sociais dominantes.

Se estivermos corretos e a reprodução simbólica das sociedades modernas, sejam elas "centrais" ou "periféricas", apresentam precisamente essas duas "linhas invisíveis de classificação e desclassificação social", construídas respectivamente pela "distinção estética", como Bourdieu mostrou, e pela "linha da dignidade" que estou construindo aqui. A importância central dessas ideias tem a ver com a sua capacidade de explicitar conflitos sociais e lutas de classe que, de outro modo, seriam invisíveis. Em sociedades como a brasileira e a indiana, as classes média e alta literalmente "roubam" o tempo dos desclassificados incapazes de lutar no mercado competitivo, posto que lhes faltam os pressupostos mínimos que possibilitam todo aprendizado, o que acarreta a ausência de conhecimento técnico utilizável pelo mercado.

Essa classe é reduzida literalmente a "energia muscular" com um mínimo de conhecimento incorporado que a condena aos "trabalhos domésticos", no caso das mulheres, e aos serviços pesados, perigosos ou sujos, no caso dos homens. O "tempo poupado" às classes do privilégio pelo trabalho dos desclassificados a ajuda a reproduzir em escala ainda mais ampliada os próprios privilégios de nascimento. Os desclassificados se tornam ainda mais condenados a reproduzir a sua miséria.

Essa é uma luta de classes extremamente importante e ao mesmo tempo invisível. As classes sem "consciência de si", mas, por isso mesmo, superexploradas, são invisíveis na sua dor e no seu sofrimento. E tornar a dor e o sofrimento invisíveis novamente visíveis é o desafio maior de qualquer ciência verdadeiramente crítica. Perceber e reconstruir esses sistemas de classificação invisíveis a olho nu é um passo fundamental para a reconstrução da teoria social crítica em qualquer lugar, seja na periferia, seja no centro do capitalismo. Nesse desiderato, o brasileiro pode ver coisas que um francês ou alemão não percebe, posto que na periferia o tema da fronteira entre dignidade/desprezo, por exemplo, é muito mais visível e ubíquo aqui do que lá. Nesse contexto, se nos libertamos do complexo de vira-lata que nos torna servis e colonizados até o osso, podemos inclusive começar a pensar e refletir com nossas próprias cabeças e compreender questões centrais que se vê muito melhor na periferia do sistema do que no centro.

A meu ver, o que há de novo e inédito no estudo dos desclassificados brasileiros é, antes de tudo, a percepção de que eles formam uma "classe social específica",[19] com gênese, reprodução e "futuro provável" semelhante. Tanto o senso comum como a ciência dominante entre nós deixam de perceber essa classe "enquanto classe" ao fragmentá-la a ponto de torná-la irreconhecível. Mas é possível defini-la, seja na periferia das grandes cidades do Sudeste, seja, por exemplo, no sertão do Nordeste, como a classe social reduzida a "energia muscular", posto que não dispõe — ou não dispõe em medida significativa — das precondições para a "incorporação do capital cultural" indispensável no capitalismo moderno para o trabalho no mercado competitivo.

---

19 Que não se confunda com os diversos trabalhos sobre a pobreza e os pobres. O trabalho anterior mais importante sobre uma classe de desclassificados entre nós é o clássico de Florestan Fernandes, *A integração do negro na sociedade de classes*, Ática, 1978. Para conhecer minha crítica em detalhe, *ver* Jessé Souza, *A construção social da subcidadania*, Editora UFMG, 2003 e 2012, pp. 153 e seguintes.

Essa classe é, portanto, "moderna", posto que formada pela incapacidade estrutural na sua socialização familiar — sempre de classe — de dispor dos estímulos afetivos e das precondições psíquicas, cognitivas e emocionais que possibilitam a incorporação do "conhecimento útil" necessário à reprodução do capitalismo competitivo. Como o economicismo, arrogantemente míope, parte do indivíduo sem passado, já adulto e igual a todos e, portanto, sem classe, esta questão central sequer é percebida como relevante, ainda que ela vá decidir, inclusive, que tipo de sujeito econômico será criado pelas distintas heranças de classe. O "capital cultural" é constituído por ambas as coisas: tanto as precondições afetivas e psíquicas para o aprendizado, quanto pelo aprendizado em si do conhecimento julgado útil. No caso da "ralé", a carência e o abandono são tamanhos que a questão principal é a da ausência — em maior ou menor medida — dos próprios pressupostos indispensáveis ao aprendizado do papel social de "produtor útil" no contexto da economia competitiva.

É isso também que faz com que essa classe não seja passível de ser confundida com o "lumpemproletariado" marxista, o famoso "exército de reserva do capital", posto que no capitalismo do tempo de Marx a quantidade de "incorporação de conhecimento" necessária ao trabalhador era mínima, tanto que até crianças podiam realizar o trabalho das tecelagens de Manchester. Com o desenvolvimento das forças produtivas do capitalismo, no entanto, a incorporação crescente de conhecimento aos meios de produção exige também que quem opera as máquinas — por exemplo, os robôs da indústria automobilística moderna — seja "perpassado" por uma certa economia emocional e por conhecimento técnico. O trabalhador moderno do setor competitivo tem que "incorporar", ou seja, tornar "corpo", reflexo automático e naturalizado, tanto a disciplina quanto o autocontrole necessário ao "ritmo das máquinas", como o conhecimento para sua operação bem-sucedida.

É esse tipo de "incorporação de capital cultural" que caracteriza as classes trabalhadoras modernas e que reencontramos nos "batalhadores" de nossa pesquisa. A "ralé", ao contrário — ainda que as fronteiras entre as diversas classes populares na realidade concreta sejam na imensa maioria dos casos muito fluida —, pode ser definida, para fins analíticos, como a classe "abaixo" da classe trabalhadora, posto que caracterizada pela ausência dos pressupostos anteriormente definidos. Isso não significa, obviamente, que esta classe também não seja explorada. Ela o é de modo inclusive muito mais cruel, já que é jogada nas "franjas do mercado competitivo", condenada a exercer todos os trabalhos mais duros, humilhantes, sujos, pesados e perigosos.

As classes do privilégio exploram esse exército de pessoas disponíveis a fazer de quase tudo. Desde o motoboy que entrega pizza; ao lavador de carros; ao trabalhador que carrega a mudança nas costas; a prostituta pobre que vende seu corpo para sobreviver; ou o exército de serviçais domésticos que fazem a comida e cuidam dos filhos da classe média e alta, que assim pode se dedicar a estudos ou trabalhos mais rentáveis. É este tempo "roubado" de outra classe que permite reproduzir e eternizar uma relação de exploração que condena uma classe inteira ao abandono e à humilhação, enquanto garante a reprodução no tempo das classes do privilégio.[20] "Luta de classes" não é apenas a "greve sindical", ou a revolução sangrenta nas ruas que todos percebem. Ela é, antes de tudo, o exercício silencioso da exploração construída e consentida socialmente.

Mas por que falta a uns o que é possível a outros nas fluidas fronteiras das classes populares? A resposta dessa questão exige o passo teórico que tomamos na nossa pesquisa de criticar e complementar o esquema "utilitarista" dos capitais em Bourdieu.[21] As pessoas também precisam

---

[20] A tese central do livro da "ralé" é que a "luta de classes mais importante" e, ao mesmo tempo, a mais escamoteada e invisível do Brasil contemporâneo é a exploração sistemática e cotidiana dos nossos desclassificados sociais, o que apenas contribui para sua reprodução no tempo. Não existe nenhum "problema real", que seja específico do Brasil e de países em condição semelhante, que não advenha do abandono desta classe.

[21] Ver Jessé Souza, *A construção social da subcidadania*, op. cit.

dotar sua vida de "sentido", de onde retiram tanto a autoestima quanto o reconhecimento social para o que são e o que fazem. No estudo das classes populares, essa dimensão é fundamental, porque o que se retira dos dominados socialmente não são apenas os "meios materiais". O domínio permanente de classes sobre outras exige que as classes dominadas se vejam como "inferiores", preguiçosas, menos capazes, menos inteligentes, menos éticas, precisamente o que reencontramos em todas as nossas entrevistas. Se o dominado socialmente não se convence de sua inferioridade, não existe dominação social possível.[22]

Nos nossos estudos das classes populares brasileiras procuramos tornar operacional o conceito de "dignidade" do produtor útil. "Dignidade" aqui, como vimos anteriormente, é um conceito "procedural" e não substantivo, ou seja, ele não "é" um "valor moral específico", mas um "conjunto de características psicossociais incorporadas praticamente" afetivas, emocionais e cognitivas que fazem com que tanto a "autoestima" pessoal quanto o "reconhecimento" social sejam possíveis. É essa "seleção prática" que qualquer entrevista de emprego no mercado ou qualquer prova de concurso público procura fazer. É a mesma seleção que fazemos todos os dias acerca de quem apertamos a mão ou de quem evitamos até usar a mesma calçada. Essa dimensão é tão "encoberta" e "escamoteada" quanto a dimensão dos capitais não econômicos. Daí que a realidade social tenha que ser "reconstruída" de modo novo em pensamento para que faça sentido.

As classes populares não são apenas despossuídas dos capitais que pré-decidem a hierarquia social. Paira sobre as classes populares também o fantasma de sua incapacidade de "ser gente" e o estigma de ser "indigno", drama presente em absolutamente todas as entrevistas. As classes com essa "insegurança generalizada", como a "ralé" e boa parte dos "batalhadores", estão divididas internamente entre o "pobre honesto",

---

[22] Essa também é uma tese clássica de Max Weber. Ver Max Weber, *Die Wirtschaftsethik der Weltreligionen*, Tubinga, J.C.B. Mohr, 1991, pp. 122,176.

que aceita as regras do jogo que o excluem, e o "pobre delinquente", o bandido, no caso do homem, e a prostituta, no caso da mulher. A maioria esmagadora das famílias pobres convive com essa sombra e com essa ameaça, como a mãe da prostituta que a sustentava e que dizia à filha em uma discussão: "Já fiz de tudo na vida, minha filha, mas puta, como você, eu nunca fui."[23] Como o "estigma da indignidade" ameaça a todos, vale qualquer coisa contra quem quer que seja, até contra a própria filha, que garante a própria sobrevivência, para se conseguir um alívio momentâneo de tamanha violência simbólica. Outra prova de que o "reconhecimento social" é nossa necessidade mais primária.

Assim, as classes do privilégio não dispõem apenas dos capitais adequados para vencer na disputa social por recursos escassos. Elas possuem também a "crença em si mesma", produto de uma autoconfiança de classe, tão necessária para enfrentar todas as inevitáveis intempéries e fracassos eventuais da vida sem cair no alcoolismo e no desespero, e usufruir do "reconhecimento social" dos outros como algo tão natural como quem respira. As classes populares, ao contrário, não dispõem de nenhum dos privilégios de nascimento das classes média e alta. A socialização familiar é muitas vezes disruptiva, a escola é pior e muitas vezes consegue incutir com sucesso a "insegurança" na própria capacidade.[24] Como os exemplos bem-sucedidos na família são muito mais escassos, quando não inexistentes, quase todos necessitam trabalhar muito cedo e não dispõem de tempo para estudos, o alcoolismo, fruto do desespero com a vida, ou o abuso sexual sistemático são também "sobrerrepresentados" nas classes populares.

Os efeitos desse ponto de partida acarretam que a incorporação da tríade disciplina, autocontrole e pensamento prospectivo, que está pressuposta tanto em qualquer processo de aprendizado na escola quanto em qualquer trabalho produtivo no mercado competitivo,

---

23 Ver Jessé Souza *et al.*, *A ralé brasileira*, *op. cit.*, pp. 173 e seguintes.
24 *Ibidem*, pp. 281 e seguintes.

seja parcial e incompleta ou até inexistente. Assim, do mesmo modo que a não incorporação familiar, escolar e social dos pressupostos de qualquer aprendizado e trabalho moderno é o que produz e reproduz a ralé, os "batalhadores" representam a fração das classes populares que lograram sair desse círculo vicioso. Como as fronteiras aqui são muito fluidas, isso significa, ao mesmo tempo, que não existe "classe condenada" para sempre.

A construção social da "indignidade" é o que explica nosso atraso social e político e não as bobagens da corrupção apenas do povo e de seus representantes transformados em culpados de sua própria miséria e abandono. Como as ideias não ficam nos livros, mas ganham a imprensa e o mundo social como um todo, é necessário, antes de tudo, criticar as ideias dominantes para recriar um mundo mais justo. Para que possamos compreender como classes sociais inteiras são recriadas, em um contexto moderno e com armas de dominação modernas, para continuarem escravas e humilhadas, é necessário unir as duas perspectivas que juntamos aqui neste livro: a contribuição de Bourdieu e do neo-hegelianismo. Ambas se baseiam na concepção de que o horizonte familiar — ajudado pela escola — constrói o indivíduo apto a lutar pelo seu reconhecimento social, ou não.

Dito com outras palavras: como a classe social bem compreendida, sem a mentira da renda meritocrática que esconde a desigualdade, é produto precisamente da socialização familiar e escolar, então temos que compreender como se constrói uma classe condenada à barbárie e aos serviços vis e humilhantes. É a existência dessa classe/raça, já que composta majoritariamente por negros e mestiços, que é a causa última e mais importante de nosso atraso social, econômico e político. As ideias da "tolice da inteligência brasileira" foram até hoje utilizadas para tornar invisível sua exploração e humilhação pela classe média branca e pela elite, e para culpar a vítima de sua condenação à barbárie eterna.

Chamar os condenados à barbárie de bandidos ou "desonestos", ou de votar em políticos corruptos, passou a ser a forma como tanto a elite, que vive do saque do orçamento público, quanto da classe média branca, que vive da exclusividade de seus privilégios educacionais, de manter e reproduzir infinitamente seus próprios privilégios. A partir daí, qualquer governo que queira incluir os negros, os pobres e os marginalizados será derrubado sob o falso pretexto de uma corrupção convenientemente escandalizada pela própria imprensa elitista. A "tolice da inteligência brasileira" produziu as ideias para transformar o racismo de classe e de raça mais cruel em vitória da moralidade pública. Como somos comandados por ideias no nosso comportamento prático, quer saibamos disso ou não, então, criticar as ideias que nos imbecilizam e nos fazem de tolos é o primeiro passo para aprendermos a ser igualitários e justos e não racistas e injustos como somos.

Isso mostra, também, como a crítica da "tolice da inteligência brasileira", que empreendemos em detalhe aqui, não é um mero exercício intelectual. Como as ideias não ficam nos livros e nas universidades, mas fornecem todo o material da imprensa e da mídia, além da indústria cultural dos filmes, novelas e séries televisivas, criticar as ideias dominantes é o primeiro passo e o mais decisivo para se criticar o tipo de sociedade que essas ideias criam e legitimam. É essa crítica à "tolice da inteligência brasileira", elitista e racista, que tem que ser universalizada e transformada em uma nova "narrativa do senso comum" de um novo Brasil de modo a termos uma nova sociedade mais justa e mais crítica. Sem novas ideias não sabemos sequer para onde ir. Minha contribuição a esse debate foi resumida neste livro, assim como em vários outros, de modo a tornar visível a dor da humilhação do povo brasileiro: uma classe/raça de condenados à barbárie.

O ponto central dessa crítica é assumir a escravidão e sua continuidade – e não a suposta maldição cultural da suposta tradição corrupta ibérica e luso-brasileira – como nossa verdadeira tradição cultural. É isso que nunca havia sido explicado devidamente antes. Alguns já haviam dito que a escravidão tinha influenciado o Brasil moderno. Mas "dizer" é muito diferente de "explicar". Quando não se explica, as pessoas imaginam essa continuidade na capoeira, na feijoada, no samba, ou seja, mil coisas diferentes a partir de sua experiência no cotidiano. Isso é "confusão" e não "explicação". Neste livro, procurei mostrar a forma específica como se constroem "novos-escravos" sob a aparência do contrato livre de trabalho e de relações modernas. Isso é "explicar" a influência da escravidão e como ela continua sob novos disfarces. Do mesmo modo, procurei demonstrar como todo o sistema cultural e político está presidido pela noção de "falso moralismo", substituto do antigo racismo aberto, como forma de negar a participação popular e criminalizar o voto do negro e do pobre. Ou seja, mais uma vez, trata-se de "explicar" como a escravidão continua sob a ilusão do voto universal e da democracia representativa. Foi isso que nunca havia sido esclarecido antes. E essas duas questões são as mais importantes para a verdadeira compreensão de uma sociedade. Afinal, são elas que esclarecem as relações entre as classes e a forma singular como a dominação social é legitimada. Se a minha crítica é mais verdadeira do que as interpretações anteriores dos grandes pensadores brasileiros, cabe ao leitor e à leitora julgar.

Este livro foi composto na tipografia Class-
Garmnd BT, em corpo 11/16, e impresso em
papel off-white no Sistema Cameron da
Divisão Gráfica da Distribuidora Record.